JN433966

불후의명저

앙리 파욜의

경영관리론

김흥길역

탑북스

머리말

경영관리(Administration)는 사업의 규모가 크든 작든, 제조업이든 서비스업이든, 정치적인 것이든 종교적인 것이든 기타 모든 경우에 있어서 아주 중요한 역할을 한다.

나는 경영관리의 역할이 어떻게 수행되어져야 하는가에 대하여 나의 생각을 피력하고자 한다.

이러한 작업은 다음과 같은 네 부문으로 나누어진다:

제1부 — *경영관리 교육의 필요성과 가능성*
제2부 — *경영관리의 원칙과 요소*
제3부 — *개인적 관찰과 경험*
제4부 — *전쟁의 교훈*

이 책을 구성하게 되는 처음 두 부문(1 · 2부)은 1908년 쌩떼띠엔느(Saint-Etienne)에서 있었던 50주년 광업학회에서 행한 강연(conférence)을 보완한 것이다.

마지막 3, 4부는 곧 간행될 제2권에 수록될 것이다.*

---

* 편집인주: H. Fayol의 이 계획은 결국 실현되지 못했다.

역자 서문

우리 모두는 경영관리자다!

경영마인드가 없으면 살아갈 수 없는 시대가 되었다. 그만큼 경영관리에 대한 이해가 필요하고 경영관리를 할 수 있는 역량을 갖추어야 성공적으로 살아갈 수 있기 때문이다. 모든 조직이나 집단을 꾸려나가고 지속적으로 성장 발전시켜 나가려면 경영관리를 잘 해야 한다. 경영관리는 기업조직에서만 이루어지는 것이 아니다. 우리나라의 경우, 지방자치제가 실시되면서부터 지자체나 지자체 단체장들도 경영마인드의 도입이 필요하다는 얘기가 나오기 시작한지도 꽤 오래되었다. 지자체와 같은 행정조직뿐만 아니라, 가정에서부터 학교조직, 병원조직, 군대조직,

심지어는 교회나 사찰에도 경영관리 활동과 과정이 이루어지고 있는 것이다. 그 차이라면 그러한 과정들이 의도적이면서 조직적으로 그리고 체계적으로 이루어지고 있느냐의 여부에 달려있을 뿐이다.

그런데 경영마인드는 경영학을 체계적으로 공부한 경영학도만이 갖출 수 있는 것인가? 그리고 그러한 경영마인드란 무엇인가?

필자는 경영학도들에게 강의하면서 자주 던지는 질문이 있다. "경영관리는 경영학을 공부한 사람만이 잘 할 수 있는가?" 그렇다면 겨우 초등학교 학력의 고 정주영 회장이나 초등학교 중퇴자이면서 일본의 역대 경영자 가운데 가장 추앙받는 마스시타 고노스케는 어떻게 평가할 것이며 화학공학을 전공하고도 GE를 25년 간 성공적으로 이끌었던 CEO 잭 웰치에 대해서 어떤 이야기를 할 수 있을까? 또 일본에서 살아있는 경영의 신으로 숭앙되는 교세라 그룹의 창업자 이나모리 가즈오의 전공이 화학공학이라는 사실은 이해하기가 쉽지만은 않다. 그리고 세계 유수 기업의 CEO 가운데 경영학을 전공한 사람은 15%도 안 된다는 통계에 대해서는 어떻게 설명할 수 있을까?

경영학을 공부해온 필자가 강조하는 부분 가운데 하나가 학문으로서, 그리고 과학으로서의 경영학과 활동과정으로서 산업현장에서 실무적으로 이루어지는 경영관리는 분명히 구별해야 한다는 것이다. 이론과 실제 간의 차이 문제가 아니다. 근본적으로 그 개념과 접근부터가 사뭇 다르기 때문이다.

대학입시에서 경영학과에 지원한 수험생들을 대상으로 면접하는 과정에서 경영학과에 지원한 동기를 물어보거나 경영학은 무얼하는 학문인지를 물어보면 많은 학생들이 돈을 버는 방법을 연구하는 학문으로 잘못 이해하고 답변하는 경우를 자주 접하곤 한다.

> "경영학은 일을 잘하기 위한 학문이다. 그리고 경영학은 더 잘 살기 위해 연구하는 학문이다. 더 나아가 경영관리의 궁극적 지향점은 행복한 삶이다. 그래서 좋은 직장, 좋은 정부, 좋은 조직, 좋은 나라, 좋은 가정을 만드는 과정이 바로 경영관리라 할 수 있다."

일을 잘하려면 어떻게 해야 하는가? 굳이 경영관리를 들먹이지 않더라도 이성적인 사고를 하면서 합리적으로 행동하는 사람이라면 예외 없이 Plan-Do-See, 즉 계획을 세우고, 계획한대로 실행하고 실행한 결과에 대한 검토와 확인의 과정을 거치며 살아간다. 즉, 계획 없이 살아가는 사람은 없을 테이고 계획을 세웠다면 그 계획을 실행하거나 목표를 달성하기 위해 노력을 할 것이다. 그런 다음에 좋든 나쁘든 간에 결과(성과)가 나올 것이므로 그 결과에 대한 확인, 점검의 과정을 거치기 마련이다. 그런 과정들이 초보적인 경영관리의 과정이라 할 수 있다. 이러한 P-D-S의 과정은 어느 차원의 삶이나 어떤 유형의 조직이든 간에 보편적으로 거치는 과정이다. 즉, 개인 차원의 삶이든 조직생활이든 간에 이러한 경영관리 과정은 반드시 거치기 마련이다. 따라서 개인의 삶에서나 조직생활을 하는 사람들은 어떤 형태로든 경영관리자로서의 역할을 수행하고 있는 것이다. 우리 모두가 경영관리자일 수밖에 없는 이유다.

경영학의 진정한 아버지로 불리는 프랑스의 광산 엔지니어 출신인 앙리 파욜(Henri Fayol)은 경영관리과정을 최초로 기획(Planning)-조직(organizing)-지휘통솔(Directing)-통제(controlling)의 단계로 나누어 설명한 선각자였다. 개인적인 삶은 단순하게 P-D-S의 단계를 거치면서 그런대로 짜임새 있게 영위될 수가 있다. 그러나 집단이나 조직차원의 활동들은 그리 간단하게 전개되질 않는다. 왜냐하면 관리되어야 할 조직구성원들과 다른 자원들이 많을 경우에는 그 과정이 보다 체계적이어야 하고 조직적이어야 하며 구조적으로도 일사분란함이나 효과적인 지휘통솔이 이루어져야 하기 때문이다.

조직구성원들이 조직의 목표달성에 적극적으로 공헌하고 기여하도록 통솔하며 열심히 일하도록 의욕을 북돋우는 한편, 조직의 여러 자원들을 어떻게 조달하고 조달된 자원들을 어떻게 배분하고 할당할 것인가의 문제까지 적당히 대충해서는 조직의 목표가 제대로 달성될 수가 없고 성과를 이루어내기가 어려워진다. 앙리 파욜은 이미 100년 전(1916)에 출간한 그의 불후의 명저 "산업 및 일반 경영관리론"의 서문에서 다음과 같이 경영관리의 중요성을 지적하였다. "*경영관리*(Administration)는 사업의 규모가 크든 작든, 제조업이든 서비스업이든, 정치적인 것이든 종교적인 것이든 기타 모든 경우에 있어서 아주 중요한 역할을 한다." 경영관리 활동과 경영관리 과정이 모든 조직이나 집단에서 이루어지고 있을 뿐만 아니라 매우 중요함을 강조하였던 것이다. 또한 그는 기업의 활동영역을 *기술적* 활동(생산, 제조, 가공), *영업적* 활동(구매, 판매, 교환), *재무적* 활동(자본의 조달과 관리), *보호안전적* 활동(재산과 종업원의 보호), *회계적* 활동(재고조사(관리), 대차대조표, 원가계산, 기타 통계자료 등), *경영관리적* 활동(기획, 조직, 지휘명령, 조정, 통제) 등 여섯 부문으로 나누어 접근하는 탁월한 혜안을 보여주었다. 그리고 경영관리적 활동은 *기획*(prévoyance), *조직*(organisation), *지휘명령*(commandement), *조정*(coordination) 그리고 *통제*(côntrole)의 과정을 거치면서 전개된다고 명쾌하게 설파하였다.

그리고 그는 기업의 최고경영자들에게 요구되는 바람직한 자질과 지식들까지도 다음과 같이 구체적으로 제시하였다 : 건강함과 육체적 기력, 지혜와 지적 능력, 정신적 자질, 두터운 일반교양, 경영관리적 능력, 필수적인 모든 직능들에 대한 전반적인 개념, 기업 고유의 특수 전문능력 등...

한편 그는 경영관리적 직능은 유일하게 사람만을 대상으로 하여 이루어지는 활동이라고 지지적하면서, 분업의 원칙, 권한 - 책임의 원칙, 기강확립의 원칙, 명령 일원화의 원칙, 지휘 일원화의 원칙, 개별이익의 전체이익에의 종속원칙, 적정보상의 원칙, 중앙 집권화의 원칙, 관리계층 연쇄의 원칙, 질서유지의 원칙, 공정성의 원칙, 고용안정성의 원칙, 자발성의 원칙, 종업원 단결의 원칙 등 경영관리의 원칙 14가지를 제시하는 놀라운 통찰력을 보여주었다.

또한 그는 그의 저서 제2부 제2장에서는 다음과 같이 지적하고 있다.

> "모든 사람이 다소의 '경영관리에 관한 개념(경영마인드)'을 필요로 한다. 가정이나 국가적 업무처리에 있어서, 경영관리적 능력의 필요성은 기업에서와 마찬가지로 중요성을 갖게 되는 데, 개인의 경우에 있어서는 지위가 높으

> 면 높을수록 이러한 필요성은 더욱 증대된다. 그렇기 때문에 경영관리교육은 보편화되어야 하는 것이다. 즉, 초등과정에서는 초보적인 내용을, 중고등학교 과정에서는 보다 깊이 있게, 그리고 대학 이상의 과정에서는 상당히 발전된 내용의 교육이 필요하게 된다."

본서를 통하여 경영학의 아버지로서 앙리 파욜이 통찰해낸 경영관리의 체계를 이해하고 훌륭한 경영관리자가 갖추어야 할 자질과 깨달아야 할 경영관리 과정과 경영관리의 원칙들을 제대로 터득하여 우리 모두가 경영관리자로서의 역할과 소임들을 성공적으로 잘 수행해낼 수 있기를 기대해 마지않는다.

앙리 파욜의 저서가 경영학사에 있어서 불후의 명저임을 인정하시고 경영학 서적 출간을 전문으로 하는 탑북스에서 나름 사명감을 느끼시면서 흔쾌히 출간해주시기로 한 김광식 사장님과 편집과 디자인을 위해 애쓰신 편집부 직원 모두에게 깊이 감사를 드린다.

2014년 여름

옮긴이 김흥길

차 례

제 I 부
경영관리 교육의 필요성과 가능성

제1장 경영관리의 의의

기업들이 수행하게 되는 모든 활동들은 다음과 같은 여섯 부문으로 나누어질 수 있다.

① *기술적* 활동 — 생산, 제조, 가공

② *영업적* 활동 — 구매, 판매, 교환

③ *재무적* 활동 — 자본의 조달과 관리

④ *보호안전적* 활동 — 재산과 종업원의 보호

⑤ *회계적* 활동 — 재고조사(관리), 대차대조표, 원가계산, 기타 통계자료 등

⑥ *경영관리적* 활동 — 기획, 조직, 지휘명령, 조정, 통제

기업은 그것이 간단한 구조든, 복잡한 구조든 간에 또는 작은 규모이거나 큰 규모이거나 간에 항상 이와 같은 6개 부문의 *필수적 활동*을 수행하게 된다.

앞의 5개 부문의 활동은 상당히 잘 알려져 있기에 한 두 마디로 간단하게 설명할 수 있다.

그러나 마지막 부문인 *경영관리적* 활동은 보다 많은 설명을 필요로 한다.

1. 기술적 직능

기술적 활동의 종류, 다양성, 그리고 그 중요성, 여러 가지 산출물들(물질적, 정신적, 도덕적)이 전적으로 기술자(technicien)의 손에 달려 있다는 사실, 기술계 학교들의 거의 독단적인 기술교육, 기술자들에게 열려져 있는 일자리들……이러한 모든 것들이 기업의 발전과 번영에 역시나 필요하고 경우에 따라서는 보다 유익한 또 다른 역량들을 그늘 속에 가리운 채 기술적 직능이나 기술적 역량이 더욱 돋보이게끔 만들어준다.

그렇다고 해서 기술적 직능이 다른 모든 직능에 비하여 언제나 가장 중요한 것은 아니다.

제조업체 내에서도 여러 직능들 가운데 어떤 한 직능이 기업 발전에 있어서 기술적 직능보다 훨씬 큰 영향력을 미칠 수 있는 경우들도 있는 것이다.

여섯 가지 필수적인 직능들이 서로 밀접한 상호 의존관계에 있다는 점을 간과해서는 안 된다.

예를 들어, 기술적 직능은 재료나 그 상품들의 판로없이, 또는 자본이나 안전성 보장 그리고 기획 직능없이는 스스로 큰 의미를 지니지 못하는 것이다.

2. 영업적 직능

어느 한 제조업체의 번영·발전은 종종 기술적 직능만큼이나 영업적 직능에 따라 좌우된다. 즉, 상품이 원활히 출하되지 않을 경우엔 곧바로 파산이 있을 뿐이다.

사고 파는 것에 대해 잘 안다는 것은 잘 만들 줄 아는 것 만큼이나 중요한 것이다.

치밀함이나 결단성과 아울러, 영업적 수완은 시장과 경쟁기업의 경쟁력에 대한 깊은 지식, 장기계획 그리고 점증되고 있는 대기업들에 있어서의 기업연합의 실현 등을 포함한다.

결국, 몇몇 제품들이 같은 기업 내의 한 부서에서 다른 부서로 이동될 경우, 영업적 직능은 상층부에서 정해준 원가들이 — 이른바 *명령가* — 위험한 착각의 근원이 되지 않도록 감시감독하는 것이다.

3. 재무적 직능

재무적 직능의 개입없이는 아무것도 이루어질 수 없다. 인건비, 부동산, 설비, 원료, 배당금, 개선향상, 유보금 등을 위해서 자금이 필요한 것이다. 자금을 조달하기 위해서, 유동자산으로부터 최대의 이득을 얻어내기 위해서, 그리고 무모한 자금의 투입에 대해서 능숙한 재무관리가 요구되는 것이다.

번창할 수 있었던 수많은 기업들이 자금난이라는 질병에 걸려 있음을 본다.

어떠한 개혁이나 개선도 유동자산이나 예금없이는 불가능하다. 성공의 필수적인 조건은 기업의 재무적 상황을 끊임없이 예의 주시하며 파악하는 것이다.

4. 보호안전적 직능

이는 도난, 화재, 홍수로부터의 재산 및 종업원을 보호하고, 파업, 음모 등 일반적으로 기업의 유지와 발전을 저해할 수 있는 사회질서에 대한 모든 장애물들을 제거하는 임무를 수행한다.

바로 초보단계의 기업에 있어서는 기업주의 눈이고, 수호견이며, 국가에 있어서는 경찰이며 군대의 기능인 것이다. 일반적으로 기업에는 안전을, 종업원들에게는 그들이 필요로 하는 안정감을 도모해 주는 모든 기능을 일컫는다.

5. 회계적 직능

이는 기업에 있어서 영사기관(映寫器管)이다. 이 회계적 직능은 기업이 현재 어느 위치에 와 있으며 어디로 가고 있는가를 언제나 알아볼 수 있도록 해주어야 한다. 이 직능은 기업의 경제적 상황에 대하여 정확하고 분명하며 명확한 정보들을 제공해야 한다.

기업상태에 대한 정확한 아이디어를 제공하는 간단명료하고도 훌륭한 회계관리 활동은 하나의 강력한 지휘관리의 수단인 것이다. 여타 직능과 마찬가지로 이 직능을 수행하기 위해서는 소정의 입문과정이 필요하다.

이공계 대학에서 보여주는 이 분야에 대한 무관심은 일반적으로 사람들이 이 회계적 직능이 수행하는 업무들(services)의 중요성을 짐작치 못하고 있음을 증명하는 것이다.

6. 경영관리적 직능

앞의 5가지 직능 가운데 그 어느 것도 기업의 행동에 대한 전반적인 계획을 작성한다거나, 기구를 구성하거나, 전 부서의 활동을 조정한다거나 또는 모든 행위를 조화시키는 업무를 수행하도록 돼 있지는 못하다. 이러한 업무들은 기술적 직능에 할당되지 않을뿐더러, 영업적 직능이나 재무적 직능, 보호안전적 직능이나 회계적 직능에 속하는 것은 더더욱 아니다. 이러한 업무들은 흔히 *경영관리*(administration)라고 칭하는 또 다른 별개의 직능을 구성하는데 이 직능에 할당된 업무나 그 한계가 대체로 잘못 규정되어 있는 편이다.

기획(prévoyance), *조직*(organisation), *조정*(coordination) 그리고 *통제*(contrôle)는 흔히 말하는 경영관리의 일부에 속하는 것이다.

지휘명령(commandement)도 역시 그 속에 포함시켜야 하는가? 반드시 그럴 필요는 없다. 지휘명령에 대하여는 별도로 살펴볼 수 있을 것이다. 그런데 나는 아래와 같은 이유로 경영관리 속에 지휘명령을 삽입하기로 하였다.

① 경영관리부문의 소관(charge)이라 할 수 있는 직원의 모집, 훈련과 조직의 구성 등은 지휘명령부문에 상당히 영향을 미친다.
② 대부분의 지휘명령의 원칙들이란 경영관리원칙에 해당하는 것이다. 경영관리와 지휘명령은 서로 매우 밀접한 관련을 갖는다. 단지 연구를 쉽게 전개하려면 두 종류의 업무분야로 분류하는 것이 바람직할 것이다.
③ 더군다나 그러한 분류는 적어도 *기술적 직능* 못지 않게 독자일반의 관심을 끌기에 충분할 정도로 매우 중요한 직능을 구성하게 되는 것이다.

그래서 나는 경영관리 직능에 대한 정의를 다음과 같이 내려보고자 한다.

- *경영관리한다* : 기획하고, 조직화하고, 지휘명령하고, 조정하며 통제하는 것을 의미한다.
- *기획한다* : 미래를 탐색하고 미래에 대한 행동방안을 세우는 것을 의미한다.
- *조직화한다* : 기업이 물적·사회적 요소들로 하나의 유기체를 형성한다는 것을 뜻한다.

- *명령한다* : 구성원들로 하여금 직능을 수행하도록 하는 것을 의미한다.
- *조정한다* : 모든 행위와 노력을 관련지우고, 통합시키며 조화시키는 것을 뜻한다.
- *통제한다* : 모든 것이 제정된 규칙과 주어진 지시대로 움직이고 있는지는 살피는 것을 의미한다.

*경영관리*의 개념이 이와 같은 의미를 내포하고 있다면, 그것은 기업주나 기업경영자들의 독점적인 특권도 아니요, 개인적인 직책도 아니다. 이는 곧 다른 필수적인 직능들과 마찬가지로, 조직의 최고계층과 구성원들에게 골고루 맡겨진 하나의 직능인 것이다.

이렇게 보면 *경영관리적* 직능은 다른 다섯 가지 필수적인 직능들과는 확연히 구별된다.

경영관리의 개념을(포괄적 의미에서의) 통치관리(gouvernement)와 혼동하지 않는 것이 중요하다.

통치한다 함은 기업이 보유하고 있는 모든 자원들로부터 가능한 한 최대의 이익을 올리게끔 유도함으로써 목표를 지향하도록 운영하는 것을 뜻한다. 즉, 여섯 가지의 필수적인 직능들이 제대로 수행될 수 있도록 보장해 주는 것이다.

경영관리(administration)란 통치관리(gouvernement)가 그 기능수행을 보장해 주는 여섯 가지 직능들 가운데 하나에 지나지 않는 것이다. 그럼에도 불구하고 경영관리는 최고책임자들의 역할 가운데서 매우 중요한 위치를 차지하기 때문에 그들만의 독점적 경영관리직능으로 취급되기 쉽다.

제2장 기업구성원의 자질을 구성하는 다양한 능력들의 상대적 중요성

기업 내의 각 업무 유형별 또는 필수적 직능마다 그에 상응하는 전문적 역할능력(capacité)이 있기 마련이다. 이른바, 기술적 능력, 영업적 능력, 재무적 능력, 경영관리적 능력 등으로 구별된다.

이러한 개별능력들은 다음과 같이 요약할 수 있는 자질과 지식에 바탕을 두게 된다.

① *육체적 자질* : 건강, 활력, 재치

② *지적 자질* : 이해하고 습득하는 재능, 판단력, 지능적 활기와 유연성

③ *정신적 자질* : 정력, 의지, 책임감, 자발성, 헌신성, 기민함, 품격

④ *일반 교양* : 지금까지 언급된 분야 외에 속하는 여러 가지 개념들

⑤ *전문지식* : 이는 오로지 기술적이거나 영업적, 또는 재무적이거나 경영관리적 직능 등등에 관계되는 것이다.
⑥ *경험* : 실제 업무로부터 얻어지는 지식, 즉 여러 가지 사실들로부터 얻은 학습 결과를 뜻한다.

필수적인 능력들 가운데 어느 것이든 간에 그것을 구성하는 자질과 지식의 총체라는 것은 육체적, 지적, 정신적, 일반 교양적, 경험적인 자질과 수행해야 할 직능에 관련되는 특정의 전문적 지식들을 포함한다.

능력을 구성하는 각 요소들의 중요성은 각 직능의 성격 및 중요성과 매우 관련이 깊다. 예를 들면 모든 직능이 단 한 사람에 의해서 수행되고 있는 초보단계의 기업에 있어서는, 필요한 능력들의 범위가 축소될 수밖에 없을 것이다. 그리고 중요한 여러 가지 업무들이 수행되고 있는 대기업의 경우에 있어서는 임직원들이 다양하고 차원 높은 능력들을 소유해야 한다. 그러나 각 직능들이 숱한 관리직 사원들에게 배분되어 있기 때문에 사원 각자는 일반적으로 총체적 능력들 가운데 상당히 축소된 부분만을 담당하게 되는 것이다. 이러한 사항이 수리적으로 표기(등급매기기)되는데 어려움이 있긴 하지만, 나는 기업주나 관리직 사원들의 자질을 평가함에 있어서 각 능력의 상대적 중요성을 수치화해 보았다.

〈표-1〉에서, 나는 규모가 큰 *제조업체* 내에서의 *기술적* 직능을 수행하는 여러 사원들에게 필요한 능력들을 비교해 보았다.

〈표-1〉 대규모 제조업체에 있어서 기술적 직능을 수행하는 사원들에게 필요한 능력들의 상대적 중요성

대기업 : 기술적 직능 담당자의 경우

직급별 분류	능력별						총체적 자질
	경영관리적	기술적	영업적	재무적	보호안전적	회계적	
대규모 공장:							
근 로 자…	5	85	—	—	5	5	100 (a)
감 독…	15	60	5	—	10	10	100 (b)
직 반 장…	25	45	5	—	10	15	100 (c)
계 장…	30	30	5	5	10	20	100 (d)
기술담당과장…	35	30	10	5	10	10	100 (e)
부 장…	40	15	15	10	10	10	100(f)
소규모 공장연합:							
사 장…	50	10	10	10	10	10	100 (g)
국영기업:							
장 관…	50	10	10	10	10	10	100 (h)
국 가 원 수…	60	8	8	8	8	8	100 (i)

〈표-2〉에서는 다양한 규모의 *제조업체*의 최고경영자들이 필요로 하는 능력들을 비교하였다.

〈표-2〉 제조업체 종업원들에게 필요한 여러 가지 능력들의 상대적 중요성

모든 규모의 제조업체 : 사장의 경우

사장 부류별	능력별						총체적자질
	경영관리적	기술적	영업적	재무적	보호안전적	회계적	
초보단계의 기업…	15	40	20	10	5	10	100 (m)
소 규 모 기업…	25	30	15	10	10	10	100 (n)
중 간 규 모 기업…	30	25	15	10	10	10	100 (o)
대 기 업…	40	15	15	10	10	10	100 (p)
초 대 기 업…	50	10	10	10	10	10	100 (q)
국 영 기 업…	60	8	8	8	8	8	100 (r)

그리고 〈표-1〉에서 얻은 결론들은 제조업체의 모든 직능을 담당하는 사원들에게 적용이 가능하고, 〈표-2〉에서 얻은 결론은 모든 형태의 기업 내 최고경영자들에게도 적용이 가능하다는 점을 지적한 뒤에, 다음과 같은 총체적인 결론에 도달하게 되었다. *모든 형태의 기업에 있어서, 하급자(하급사원)들의 필수적인 능력은 기업고유의 전문능력이고, 기업경영자들의 필수적인 능력은 경영관리적 능력이다.*

기술적 직능을 수행하는 사원들은 *근로자, 조반장, 직공장*(C・A), *과장*(C・S), *부장*(D), *사장* 등과 같은 계층구조를 형성한다.

기업이 여러 개의 대단위 공장을 가지고 있을 경우, 계층구조는 *사장*까지 거슬러 올라가게 된다. 그리고 만약 기업이 국영기업체인 경우, 기술적 계층은 *장관*을 거쳐 *국가원수*에까지 이르게 된다.

〈표-1〉은 어떤 직위의 사원이든간에 그가 발휘해야 할 전반적인 자질에 있어서 각각의 필수적인 능력과 비교되는 각 부분을 제시하고 있다.

이러한 전반적인 자질은 모든 경우에 있어서 완벽한 사원(종업원)의 경우에 100으로 하여 현장근로자, 부장 또는 국가원수에도 적용되는 것이다.

여기서는 현장근로자의 자질을 현장감독, 부장이나 국가원수의 그것과 비교하려는 것은 아니라는 점을 미리 밝혀둔다. 이와 같은 여러 가지 자질들간의 공통된 척도는 없다. a, b, c, d, ……, 그리고 m, n, o, p, …… 등의 단위들은 같은 성질의 것도 아닐뿐더러, 동일한 중요성을 갖지도 않는다. 즉, 이러한 단위들로 구성되는 요소들은 한 하위직급의 — 기술적, 경영관리적 등등 — 능력과 최고경영관리자의 능력 사이에 공통점이 더 이상 없도록 각 계층구조를 통과하면서 변형된다.

나는 〈표-1〉에서 5까지 한 직급(사원)의 총체적인 자질을 구성하는 여러 가지 능력의 *상대적* 중요성만을 나타내려고 했었다.

그 직급이 어떤 부류에 속하든 간에 어떤 한 직급의 총체적인 자질을 구성하는 여러 가지 능력에 배분된 계수들을 내 나름대로 부여한 것이다. 즉, 이 계수들에 대해서는 논란의 여지가 있을 수 있으므로 토론이 되어질 것으로 보인다. 여러 가지 다양한 평가가 이루어질 수도 있겠으나, 〈표-1〉에서 얻은 결론들은 전적으로 효력을 가지게 되리라 확신한다.

그 결론이란 다음과 같다 :

첫째, *현장근로자*의 가장 주된 능력은 *기술적* 능력이다.

둘째, 계층구조가 높아짐에 따라 *기술적* 능력의 중요성은 *감소*하는 반면, *경영관리적* 능력의 중요성은 상대적으로 증가한다. 이 두 가지 능력간의 균형은 제3수준 내지는 제4수준에서 이루어지게 된다.

셋째, *사장*의 가장 중요한 능력은 *경영관리적* 능력이다. 계층의 수준이 높아지면 높아질수록, 경영관리적 능력이 지배적인 비중을 차지하게 된다.

넷째, *영업적* 능력, *재무적* 능력, *보호안전적* 능력, 그리고 *회계적* 능력은 제5 또는 제6수준의 계층의 직급들에서 최고의 상대적 중요성을 가지게 된다.

계층이 높아짐에 따라, 각 부류의 직급에 대한 자질에 있어서 이러한 능력들의 상대적 중요성은 감소하고 평준화되는 경향을 보인다.

다섯째, 제4 또는 제5수준의 계층부터는 자질의 십분의 일에 가까워지면서 감소되는 다른 것에 비하여 *경영관리적* 계수만 증대된다.

위의 결론들은 단지, 현장근로자에서부터 사장에 이르기까지 기술적 직능 담당자의 능력을 검토함으로써 얻게 된 것이다.

이들 담당자 중 어느 누구도 기술적 직능에만 전적으로 매달려 있는 것은 아니다. 즉, 모두가 다른 직능에 대하여 다소 많은 도움을 주고 있으며, 우리는 바로 앞에서 최고위층들은 기술자라기보다는 경영관리자라는 사실을 알았다.

대기업에 있어서 *영업적* 직능, *재무적* 직능, *보호안전적* 직능 또는 *회계적* 직능 담당자들의 능력을 검토해 보아도 비슷한 관찰결과와 동일한 결론에 다다르게 되는데, *기술적 능력*이라는 말 대신에 다만 *해당 직능의 특징적인 능력*으로 바꿔넣기만 하면 되는 것이다.

몇몇 직능의 예를 본다면, 하위직급들의 주된 능력은 그 직능의 특징적 능력을 나타내게 되고(즉, 산업적 직능에서는 기술적 능력이, 영업적 직능에서는 영업적 능력이, 재무적 직능에서는 재무적 능력 등등), 높은 고위직급들에 주로 필요한 것은 *경영관리적* 능력인 것이다.

이 표는 앞의 〈표-1〉과 똑같은 방식으로 구성되었다.

능력이 뛰어난 사장의 총체적인 자질은 100으로 나타나 있다.

각계각층의 책임자들의 여러 가지 능력에 주어진 계수들은 나의 주관적 평가에 따라 매겨진 것이다.

이 표로부터 다음과 같은 결론들을 얻을 수 있다.

첫째, *소규모* 제조업체 사장에게 요구되는 주된 능력은 주로 기술적 능력이다.

둘째, 기업 내에서의 계층구조가 높아짐에 따라, *기술적* 능력의 상대적 중요성은 *줄어드는* 것에 반해 *경영관리적* 능력의 중요성은 *증대*된다. 중규모기업에 있어서 이 두가지 능력간에는 균형이 이루어진다.

셋째, 대규모 기업의 사장들에게 요구되는 주된 능력은 *경영관리적* 능력이다. 그 기업의 규모가 크면 클수록 경영관리적 능력이 큰 의미를 지닌다.

넷째, *영업적* 능력과 *재무적* 능력은 중소기업 사장들에게 있어서는 기술적 직능을 수행하는 하급직과 중간관리직들보다 훨씬 더 중요한 역할을 한다.

다섯째, 기업 내에서의 계층구조가 높아짐에 따라서 다른 대부분의 것들이 총체적인 자질의 십분의 일에 가까워지면서 평준화되는 데 비해서 *경영관리적* 계수만이 커진다.

기술적 직능을 수행하는 하급직(종업원)들은 그렇지 않지만 비록 아무리 소규모기업일지라도 모든 기업의 사장들은 *영업적* 능력과 *재무적* 능력을 필요로 한다는 사실의 차이 외에는 〈표-2〉에서 얻은 결론은 〈표-1〉에서 얻은 것과 매우 비슷하다.
〈표-1〉과 〈표-2〉에서 밝혀진 두드러진 사실은 다음과 같다;

기술적 능력은 대규모기업의 하급직과 소규모 제조업체의 사장들에게 요하는 가장 주요한 능력이다. *경영관리적* 능력은 대규모 조직의 최고책임자의 주된 능력인 것이다. *기술적* 능력은 산업구조의 하위부문에 *경영관리적* 능력은 상위부문에서 각각 큰 의미를 지닌다.

이와 같은 사실은 내가 재차 부연 설명하지 않아도 될 기업경영의 조직화와 통치관리(gouvernement)라는 두 가지 관점에서 볼 때 그와 같은 중요성을 갖게 되는 것이다.

그 때문에 수치화한 〈표-1〉과 〈표-2〉 그리고 〈표-1〉과 〈표-2〉를 다른 형태로 나타내본 〈표-3〉과 〈표-4〉를 소개하였다. 또한 *제련분야 대기업에 있어서 각기 다른 부류의 직급들에 요하는 여러 가지 능력의 상대적 중요성*을 나타낸 〈표-5〉를 제시한다.*

이 표들은 산업체에 있어서 *경영관리적* 직능의 중요성에 대하여 일반대중의 주의를 환기시키기 위한 것이다. *기술적* 직능은 이미 오래 전부터 제수준 제위치에 두고 평가해 왔다. 그러나 기술적 직능은 기업경영의 효율적 기능을 충분히 보장해 주지 못한다. 그래서 또 다른 필수적인 직능들의 도움이 필요하고 특히 *경영관리적* 직능의 도움이 필요한 것이다.

* 역자주: 표-3, 4, 5는 p. 208에 흑백으로 재구성하여 제시하였다.

● 기타 기업의 경우

제조업 이외의 기업에 있어서 사장 이하 각종 직급들에 요하는 능력에 대한 고찰은 산업체의 사장과 각급 직급들에 요하는 능력들에 관한 것으로 앞에서 고찰한 바와 마찬가지의 결론에 이르게 된다.

그 결론은 다음과 같이 요약할 수 있다.

모든 유형의 기업에 있어서, 하위직급에게 요구되는 주된 능력은 그 기업고유의 전문적 능력이고, 대기업 사장들에게 요하는 주된 능력은 경영관리적 능력이다.

"경영관리적 개념에 대한 이해의 필요성이 이제 보편화되었다."

제3장 경영관리 교육의 필요성 및 가능성

우리는 앞 장에서 통치관리적(gouvernementale) 업무는 여섯 가지 필수적인 직능의 집행과 완수를 포함한다는 것을 살펴보았다. 다시 말해서 이 여섯 가지 직능 중의 하나가 제대로 수행되지 않았을 경우, 그 기업은 망하거나 어떤 경우든 간에 약화되고 만다. 그러므로 어떤 기업이든 간에 종업원들은 이 여섯 가지 필수적인 직능을 수행할 수 있는 능력이 있어야 한다.

우리는 또한 대규모 기업의 상위 직급에서 가장 필요로 하는 능력은 *경영관리적* 능력이라는 사실도 알았다.

그러므로 전적으로 *기술적* 측면만을 강조하는 교육은 심지어 제조업체일 경우라도 기업의 전반적인 요구에는 응하지 못한다는 사실을 확실히 알 수 있다.

그런데 기술적 지식을 보급하고 숙달시키기 위하여 — 당연히 — 노력을 하고 있는 반면에 영업적 직능, 재무적 직능, 경영관리적 직능 등, 그 외의 직능에 있어서 미래의 지도자(상사)로 양성하기 위한 노력을, 우리의 기술계 학교에서는 전혀 또는 거의 하지 않고 있다.

*경영관리 과목*은 토목공학과의 교과과정에는 개설조차 되지 않고 있다. 무슨 이유일까?

경영관리적 능력의 중요성을 너무 모르고 있는게 아닐까? 관리자로 양성하는 것이 아니라 기술을 우선해서 근로자 가운데서 현장감독을 선발하고, 현장감독들 중에서 직반장을, 엔지니어 가운데에서 부장을 선발하는데... 그러한 선발을 가능토록 하는 것이 결코 *기술적* 능력은 아닌 것이다. 다시 말해서 기술적 능력이 결코 그러한 선발을 가능하도록 해주지 못한다는 것이다. 물론 필요한 기술적 능력의 분량은 정해져 있음이 분명하다. 그러나 그것이, 어느 정도의 기술적 자질에 견줄만한 것들 가운데에서, *경영관리적* 능력의 요소이기도 한 유지관리, 권한행사, 질서유지와 조직화 등의 자질의 발휘를 위하여 보다 높은 우위에 있어 보이는 것을 더 선호하게끔 한다.

그것은 *경영관리적* 능력이라는 것이 기업경영 실무에서만 얻어질 수 있기 때문이라는 것일까?

내가 보기에는 사람들이 그렇게 믿고 있는 것 같다. 우리는 그러한 생각이 잘못되었으며 또한 실제적으로 경영관리적 능력은 기술적 능력과 마찬가지로 우선 학교에서, 다음으로는 현장에서 얻어질 수 있고 또 그렇게 되어야 한다는 사실을 곧 알게 될 것이다.

우리의 전문 기술계 학교에서 *경영관리*에 대한 교육부재의 원인은 바로 경영관리에 관한 지침의 결여에서 찾을 수 있다. 원칙과 지침없이는 교육이 가능할 수가 없는 것이다. 그런데도 *공개*

*적인 토론(discussion publique)을 통한 공인된 경영관리*에 관한 지침이 없는 것이다.

개인적인 지침들은 적지 않다. 공인된 지침인 경우에는 각자가 다 가장 훌륭한 방법을 구사하고 있다고 생각할 수 있으며, 산업현장, 군대, 가정, 그리고 국가 등, 어디에서나 똑같은 원리에 입각한 것이면서도 극도로 모순된 현장에의 적용이 이루어지고 있음을 보게 되는 것이다.

기술적 관점에서 보면, 사장이 그의 모든 위신을 잃지 않고서는 제정된 특정의 규정을 무시한 채 행동을 할 수 없는 반면에, 경영관리적 관점에서 보면, 그는 아무리 곤란한 일들도 무난히 처리할 수가 있는 것이다.

채용된 방식(procédés)들은 그 자체로서 평가되지 않고, 종종 전혀 거리가 먼, 또한 일반적으로 그 원인과 연관시키기 힘든 결과에 의해서 평가되고 있다.

만약 공인된 지침, 즉 공개적 실험(expérience publique)에 의해 증명되고 통제된 *원칙*(principes), *규칙*(règles), *방법*(méthodes), *방식*(procédés)들의 *총체*(ensemble)적인 체계가 서 있다면 상황은 전혀 다를 것이다.

원칙들이 부족해서가 아니라, 그러한 원칙들이 보편화되도록 공식적인 조치만 해주었어도, 우리는 어디서나 최상의 가능한 경영관리체제를 향유할 수 있었을 것이다.

누구인들 *권한*(autorité), *규율*(discipline), *부분적인 특정 이익들의 전체 이익에의 예속, 지휘체계의 일원화*(unité de direction), *제 활동의 통합 · 조정*(coordination des efforts), 기획(prévoyance)

등등의 대원칙들의 필요성을 수없이 주장하는 소리를 듣지 못했겠는가?

그러나 그러한 원칙들을 주장하는 것만으로는 충분치 않다는 것을 생각해야 한다. 원칙에 대해 이해한다는 것은 등대의 불빛이 항구를 찾아가는 길을 알고 있는 사람만을 안내해 주는 것과 같은 것이다. 하나의 원칙이란 그것을 실현시킬 수단없이는 효율을 기대할 수가 없는 것이다.

그러한 수단은 헤아릴 수조차 없을 만큼 많다. 그러나 훌륭한 수단과 형편없는 수단들이 교육지침의 부재로밖에 설명될 수 없는 그런 상황이 지속되는 가운데, 가정이나 산업현장 그리고 국가차원에서 번갈아가며, 또한 어떤 때에는 동시에 뒤섞여 나타남을 보게 된다. 일반 사람들은 경영관리적 행위를 쉽사리 평가할 수가 없다.

그러므로 가능한 빠른 시일 내에 경영관리 교육에 대한 지침이 마련되는 것이 중요하다.

만약 몇몇 최고경영자들이, 기업경영이 원활하게 전개되도록 하는 데 가장 적절하다고 생각하는 원칙들에 대하여 그리고 그러한 원칙들을 실현하는 데 가장 알맞은 수단에 대하여 그들의 개인적인 생각들을 주장하려고 했다면, 그것은 그렇게 시간을 요하지도 않을 것이고, 그렇게 어려운 일도 아닐 것이다.

그와 같은 해명은 앞으로 할 비교와 검토로부터 얻어질 수 있을 것이다. 그러나 거의 대부분의 최고경영자들은 집필할 시간도, 그러한 취미도 없으며, 그들은 흔히 어떤 경영관리에 관한 지침이나 또는 제자에게 전수도 하지 않은 채 세상을 등지고 만다. 그러므로 그러한 현장경험에서 얻은 자료로부터 경영관리의 발전을 기대하지는 말아야 한다.

하나의 지침을 마련하기 위해서 반드시 대규모 회사를 통치관리해 보거나 현학적인 연구를 하지 않아도 된다는 것은 다행한 일이다.

최소한도라도 잘 된 현장관찰이 가치가 있는 것이며, 현장관찰을 수행할 수 있는 사람들의 수는 제한되어 있기 때문에, 우리는 일단 형성된 흐름이 더 이상 멈추지 않길 바랄 뿐이다. 다시 말해서, 그러한 흐름을 명확하게 규정짓는 일과 공개토론을 개최하는 것이 중요하다. 그래서 본서를 출간하면서 그러한 노력을 기울이려 하는 것이다.

나는 머지 않아서 하나의 지침이 곧 마련되리라 기대하고 있다.

그것이 곧 경영관리 교육의 문제점들을 해결해 주리라 본다.

모든 사람이 다소의 경영관리에 대한 개념을 필요로 한다.

가정이나 국가적 업무처리에 있어서, 경영관리적 능력의 필요성은 기업에서와 마찬가기로 중요성을 갖게 되는데, 개인의 경우에 있어선 지위가 높으면 높을수록 이러한 필요성은 더욱 증대된다.

그렇기 때문에 경영관리 교육은 보편화되어야 하는 것이다. 즉, 초등과정에서는 초보적인 내용을, 중·고등학교 과정에서는 보다 더 깊이 있게, 그리고 대학 이상의 과정에서는 상당히 발전된 내용의 교육이 필요하게 된다.

기술교육이 고급기술자들의 도움으로 학생들을 양성하지 않는 바와 같이 경영관리 교육은 훌륭한 관리자들의 도움으로 학생들을 그 이상으로 양성하지는 못할 것이다. 사람들은 기술교육이 기대한 만큼 경영관리교육에서도 기여할 것이다. 경영관리 교육이 그만큼 기여하지 못한 이유는 어디에 있는가? 문제는 특히 젊은이들로 하여금 경험에서 얻은 교훈들을 이해시키고 활용할 수 있도록 하는 것이다. 현재, 초보자는 경영관리의 교육지침이나 방법을 소유하지 못하고 있으며 많은 사람들이 그 점에서 관해선 평생 초보자로 머물러 있게 된다.

그러므로 국민 모든 계층에 대하여 경영관리에 관한 개념들을 널리 알리도록 노력해야 한다. 이와 같은 경영관리 교육을 수행해야 할 의무는 학교에 있다.

대학에서, 경영관리 과목이 교육과정에서 개설되게 될 때, 교수들은 그들의 강의안을 잘 작성해 낼 수 있을 것으로 기대된다.

초등교육 과정에 있어서 경영관리 교육이 어떻게 되어야 할까 하고 상상하는 것은 더욱 어려운 문제이다. 나는 이 문제에 관해서는 훌륭한 교사라면 나보다 훨씬 더 탁월하게 교육지침을 발췌해서 학생들에게 교육하기에 알맞은 내용을 그들에게 제시해 줄 수 있으리라고 확신하면서, 앞으로 단편적이나마 본서와 같은 시도를 해봄으로써 그에 대신하고자 한다.

제 Ⅱ 부

경영관리의 원칙과 요소

제1장 경영관리의 일반원칙

*경영관리적 직능*은 생물적인 기관(organe)이나 물리적인 기구(instrument) 대신에 *사회적 조직*에 대해 적용된다. 다른 직능들이 재료와 기계를 대상으로 해서 활동하는 반면, 경영관리적 직능은 유일하게 사람만을 대상으로 하여 이루어지는 활동이다.

사회적 조직의 건강상태와 기능을 충분히 발휘할 수 있는 정도는 원칙이라든가, 법칙, 또는 규칙 등으로 무분별하게 사용되고 있는 몇몇 조건들에 따라 결정된다. 나는 경직된 사고에서 벗어나서 되도록 *원칙*(principes)이라는 단어를 사용할 것이다. 경영관리적인 문제에 관한 한 어떠한 것도 고정되어 있거나 절대적인 것이란 없다. 모든 것이 다만 *정도*(mesure)의 문제인 것이다. 동일한 조건에 있어서도 같은 원칙을 두 번씩 적용할 경우는 거의 없다. 여러 가지 변화하는 상황들, 역시 다양하고 변화무쌍한 사람들, 그리고 그 외의 많은 변수와 요소들을 감안해야 한다.

원칙들 역시 모든 필요에 따라 쉽사리 적응될 수가 있는 것이다. 문제는 그것에 맞추어 적절히 활용할 줄 아느냐는데 있다.

그것은 지혜와 경험, 의사결정 능력과 역량을 요하는 하나의 어려운 기예(art : 기술)인 것이다.

기지와 경험으로 축적되어진 *역량*은 관리자의 주요한 자질 가운데 하나이다.

*경영관리*의 원칙과 그 개수는 한정되어 있지 않고 무수히 많다. 적어도 현장 경험으로부터 얻어진 원칙들이 수적으로 확실하게 강세를 보이고 있는데, 모든 규칙이나 사회적 조직을 강화시켜 주거나, 그 조직이 용이하게 기능하는 것이 가능하도록 해주는 모든 방법이 이러한 원칙들 속에 포함될 것이다. 사태의 변화는 그 사태에 적용되었던 규칙들의 변화를 가져오게 할 수가 있는 것이다.

이제부터 내가 가장 자주 적용코자 했던 경영관리의 원칙들 가운데 다음과 같은 몇 가지를 살펴보고자 한다.

(1) 분업의 원칙
(2) 권한 - 책임의 원칙
(3) 기강확립의 원칙
(4) 명령 일원화의 원칙
(5) 지휘 일원화의 원칙
(6) 개별이익의 전체이익에의 종속 원칙
(7) 적정보상의 원칙
(8) 중앙집권화의 원칙
(9) 관리계층 연쇄의 원칙
(10) 질서유지의 원칙

(11) 공정성의 원칙
(12) 고용안정성의 원칙
(13) 자발성의 원칙
(14) 종업원 단결의 원칙

1. 분업의 원칙

분업이란 자연스런 질서인 것이다. 동물세계에서는 생명체가 고도로 진화되면 될 수록, 각기 다른 기능을 담당하는 기관들을 가지고 있음을 흔히 볼 수 있다. 즉, 인간사회에서 사회적 조직이 중요하면 중요할수록, 그 기능과 기관과의 관계는 더욱 밀접해짐을 볼 수 있다. 사회가 확대됨에 따라서, 모든 기능을 원초적으로 담당했던 유일한 기관(organe)을 대체시키려는 새로운 기관들이 생겨나고 있다.

분업은 똑같은 노력으로 보다 더 많이, 보다 더 능률적으로 생산하려는 데 그 목적이 있다.

그렇게 함으로써 항상 똑같은 부품을 만드는 근로자나, 끊임없이 똑같은 업무를 처리하는 최고의 경영자도 그들 업무의 능률을 증대시키는 숙련과 확신, 그리고 정확성을 습득하게 된다. 반면에, 직업을 바꿀 경우에는 새로운 일에 다시 적응하기 위한 노력을 요하게 되고, 결과적으로 생산량의 감소를 가져오게 되는 것이다.

분업은 기울여야 할 주의와 노력해야 할 대상의 수를 줄일 수 있도록 해주기 때문에 분업이 개인과 집단을 활용하는 가장 최선의 방법으로 인식되어 오고 있다.

분업은 단지 기술적 작업에만 국한되는 것이 아니라, 다수나 소수의 인원을 동원해야 하고 여러 종류의 능력을 요하는 모든 일에 예외없이 적용되는 것이다. 분업은 곧 직능의 전문화(spécialisation des fonctions)*와 권력의 분리*(séparation des pouvoirs) 효과를 가져오게 된다.

분업의 장점들은 보편적으로 잘 알려져 있음에도 불구하고, 그리고 학자들과 기예가들의 전문화된 작업없이는 진보의 가능성을 상상하지도 못하면서, 분업(division du travail)은 역량을 중시하는 생각과 더불어 경험이 인식시켜주는 넘지 못할 한계를 가지고 있다.

2. 권한 – 책임의 원칙

권한(autorité)이란 곧 명령할 권리(droit)인 동시에 복종하게 하는 권력(pouvoir)이다.

한 지도자를 놓고 그의 직능과 관련되어 있는 *규정된* 권한(autorité statutaire)과 지능, 지식, 경험, 도덕적 가치, 명령에 대한 타고난 재능, 업적 등으로 이루어지는 개인적인 권위(autorité personnelle)를 구별한다. 훌륭한 지도자가 되려면, 그러한 *개인적인* 권위는 규정된 권한의 필수불가결한 보완적 요소이다.

*권한*이란 *책임*(responsabilité), 즉 권력행사를 수반하는 제재

(sanction) — 보상과 처벌 — 없이는 생각할 수가 없다. 책임이란, 권한에 대한 하나의 필연적인 귀결이고, 자연스런 결과인 동시에 또한 불가피한 반대급부이다. 권한이 행사되는 곳이면 어디에서나 책임이 따르기 마련이기 때문이다.

정의감에서 비롯되는 제재의 필요성은 전체의 이익을 위해서 유익한 행동은 장려하고, 그렇지 못한 것은 억제해야 한다는 사고에 의해서 견지되어 왔고 증대되어 왔다.

권한행사에 대한 제재는 훌륭한 경영관리의 필수적인 조건들 가운데 하나로 생각된다. 그러나 대규모 사회에 있어서는(권한행사에 대한) 제재를 가하기가 대체적으로 어렵다. 왜냐하면, 우선 책임의 정도를 규정하고 난 뒤 제재의 비율을 규정해야 하기 때문이다. 그런데 한 근로자의 행위에 대한 책임과 거기에 상응하는 일정 범위의 제재를 규정짓는 것이 상대적으로 쉽다면, 현장 감독의 그것들을 규정하기란 훨씬 까다로우며, 기업에서의 계층이 높아짐에 따라, 업무가 더욱 복잡해짐에 따라, 직급의 수가 더 많아짐에 따라, 그리고 현장(résultat final – 최종결과)과 거리가 멀어질수록, 발생한 결과에 있어서 원래의 권한행사 부분을 추려내는 것과 최고경영층에 대한 책임의 정도를 규정하는 것은 점점 더 어려운 일이다. 이러한 책임의 측정과 그 실제값은 모든 예측을 벗어난다. 그렇게 되면, 제재는 그 종류, 그 용도, 그리고 권한행사 그 자체와 그때의 상황 그리고 초래되는 결과를 참작해서 판단해야 하는 협약(convention)의 문제가 되는 것이다. 그러한 판단은 높은 도덕적 가치와 공정성 그리고 단호성을 요한다. 이러한 모든 조건들이 갖추어지지 않으면 기업에 있어서 책임감이 사라질 우려가 있는 것이다.

과감하게 짊어진 책임에는 경의를 표할 만하다. 왜냐하면, 그것은 어디에서나 높이 평가되는 일종의 용기이기 때문이다. 똑같은 직위이면서도 책임이 없는 국가공무원의 경우보다는 기업체 관리자들의 훨씬 높은 대우에서 우리는 이러한 하나의 구체적인 증거를 찾게 된다.

그렇지만 일반적으로 책임은 권한을 추구한 만큼이나 두려움의 대상이 되는 것이다. 그러한 책임에 대한 두려움은 숱한 자발성(initiative)을 무력하게 만들 뿐만 아니라 많은 자질을 말살시키기도 한다.

훌륭한 지도자는 책임질 용기를 가져야 하고 주위사람들에게 주지시켜야 한다.

권한의 오용과 최고경영자가 책임을 두려워하는 취약점에 대한 최선의 방지책은 개인적인 자질이며 특히 이 점은 최고경영자의 높은 도덕적 가치에 달려 있다. 우리는 어떤 직위에 선택되었거나 그 직위를 소유하는 것만으로는 이러한 가치를 부여받는 것이 아니라는 점을 알 수 있다.

3. 기강확립의 원칙

기강(discipline)이란 본질적으로 명령에 대한 복종과 인내, 실천과 지속성 그리고 상호존중의 기준 등에 관하여 기업과 종업원간에 체결된 협약을 준수해 가는 것이다.

이러한 협약들이 자유롭게 토론이 되었든 또는 사전 토의없이 그냥 이루어졌든간에, 즉 그것이 문서화되었든 또는 묵계에 의한 것이든간에 또는 그 협약들이 쌍방간의 의사 또는 법률과 관례에서 나왔든지간에, 이 협약들이 규율의 양태를 정해주는 것이다.

여러 가지 다양한 협약이 있음으로 해서 규율 자체도 역시 매우 다양한 형태로 나타난다. 예컨대 복종과 인내, 실천과 지속성 등에 의한 의무는 사실상 기업별, 동일기업 내에서의 직급부류별, 지역별, 또는 시대별로 제각기 다른 것이다.

하지만, 기강은 원활한 기업경영에 절대적으로 필요하며 어떤 기업도 규율 없이는 성장할 수 없다는 사실에 전적으로 생각을 같이 하는 것이 일반적인 경향인 것 같다.

이러한 견해는 "기강은 군대의 가장 주요한 힘"이라고 되어 있는 『군사학 개론』에 강조되어 있다. 만약 "기강은 바로 지휘자들이 만드는 것이다."라는 표현이 뒤따랐더라면 나는 이 금언(aphorism)에 거리낌없이 동의를 했을 것이다. 첫 번째 표현은 지휘자에게 좋은 기강의 준수를 뜻하지만, 그것은 곧 지휘자에게는 귀찮은, 지휘자의 책임이라는 점을 간과하고 있는 듯하다. 그런데 어떤 유형의 사회적 조직이건간에 그 기강의 상태는 본질적으로 지휘자들의 자질(valeur)에 달려 있다.

기강이 결여되어 있는 경우라든가 또는 상급자와 하급자간의 화합(entente)이 잘 이루어지지 않는 경우에는, 그 집단의 좋지 못한 규율상태에 대한 책임을 대수롭지 않게 전가해 버리는 것으로 만족해서는 절대 안 된다. 대부분의 경우, 그러한 폐단(le mal)

은 상급자들의 무능력에서부터 비롯된다.

이러한 사실은 적어도 프랑스의 여러 지역에서 확인할 수 있었는데, 나는 프랑스에서는 근로자들을 올바르게 지휘했을 경우에 순종적이고 헌신적이기까지 한 사례를 자주 보아왔다.

기강에 미치는 영향 정도에 따라, 지휘명령(commendement) 외에 협약(conventions)을 포함시켜야 한다.

협약은 분명해야 하고 가능한 한 양 당사자들에게 만족을 주는 것이 중요하다. 그러나 그것은 사실상 어려운 일이다.

우리는 최근 몇 년간 국내나 이웃나라에서 국민의 생활을 위협했었던 일방적인 협약이나 불충분한 규약에 항의하는 광부, 철도원 또는 공무원들의 대파업들(grèves)에서 그 공공연한 예를 찾게 된다.

반세기 전부터 기업과 종업원 사이를 맺어주는 협약체결 방식에 상당한 변화가 있었다. 사용자가 일방적으로 규정한 과거의 협약들은 점점 사용자 또는 사용자 단체와 근로자 단체들간의 토론을 통해 이루어진 협약형태로 바뀌어지고 있다. 사용자의 개인적인 책임은 이처럼 줄어들게 되었다. 더군다나 사용자의 책임은 근로자 문제에 있어서 정부의 점점 잦은 간섭으로 말미암아 완화되었다. 그렇지만 기업과 종업원간의 관계를 맺어주는 협약의 체결과 그때 기강의 양상이 누구의 주도하에 이루어지는가 하는 문제는 사용자들의 주된 고심거리 중의 하나가 되고 있다.

기업으로 봐서는 기강을 해친 행위에 대해서는 다시 재발치 않도록 하기 위한 제재를 가하는 것이 좋다. 흔히 사용되고 있는 제재 — 훈계, 경고, 벌칙금, 강제휴직, 강등, 해임 — 의 선택이나 제재의 정도는 상급자의 경험과 요령(tact)에 달려 있는 것이다. 그러한 경우 그 대상자와 그가 처했던 상황을 적절히 참작해야 한다.

요약해서 말하자면 *기강*(discipline)이란 명령에의 *복종*(obéissance), *인내성*(assiduité), *실천수행성*(activité) 그리고 *준수여부*의 외적 징표에다 그 목표를 두고 있는 협약을 준수하도록 하는 것이다.

이러한 규율은 최하위직급 종업원들과 마찬가지로 최상급의 상사들에게도 요구되어지는 것이다.

기강을 확립하고 유지하기 위한 가장 효과적인 방법으로 다음 세 가지를 들 수 있다.

첫째, 각 계층마다에 뛰어난 상사를 두어야 하고,

둘째, 가능한 한 명확하고 공정한 협약이 이루어져야 하며,

셋째, 제재는 정확한 판단에 의해 적용되어야 한다.

4. 명령 일원화의 원칙

어떠한 행동을 하든간에, 부하는 단 한 사람의 상사로부터만 명령을 받아야 한다.

이것은 내가 보기에 기업운영에 미치는 영향력에 있어서, 어느 다른 원칙에 못지 않게, 또 보편적이고도 끊임없는 필요성을 느끼게 하는 '명령일원화'(unité de commandement)의 규칙인 것이다. 만약 이 원칙이 지켜지지 않았을 경우, 권한이 침범 당

하고, 기강(율)이 흐트러지며, 질서는 문란해지고 안정이 파괴되어지는 등의 결과를 초래하게 되는 것이다. 그래서 적어도 나에게는 근본적이라고 생각되는 이 규칙을 원칙들 속에 포함시키게 된 것이다.

두 상사가 한꺼번에 똑같은 부하나, 동일한 업무에 그들의 권한을 행사하게 되면, 상황이 거북해지게 된다. 만약 이러한 상황이 오래 지속되게 되면 혼란은 증대되고, 외부 물체에 의해 기능장애를 일으키는 동물의 유기체의 내부와도 같이 병적인 현상이 나타나게 되며 다음과 같은 결과를 초래하게 된다.

즉, 이러한 이원화 현상(dualité)은 둘 중 한 상사가 없어짐으로 해서 중단되어 그 조직이 원활해지거나, 아니면 그 조직은 계속 쇠퇴하고 만다.

어떤 경우에 있어서도, 사회적 유기체는 그러한 명령의 이원화 현상에는 적응하지 못한다.

그런데 그러한 명령의 이원화 현상은 아주 흔하게 일어나고 있다.

대규모든 소규모든 모든 기업에서는 물론, 가정과 국가에 있어서도 이로부터 야기되는 폐해가 적지 않게 일고 있다. 그러한 폐단이 그럴싸한 구실로 사회적 유기체 속으로 스며들게 되면 그만큼 가공스러워지게 되는 것이다. 다음의 예를 보도록 하자.

(1) 잘 이해될 수 있겠지, 또는 시간을 벌겠다는 속셈에서 아니면 곤란한 일을 당장 피하도록 하기 위해서라는 구실로 A라는 상사가 상사 B를 경유하지 않은 채 바로 부하 C에게 명령을 하

게 되는 경우를 보게 된다.

이러한 상습적 행위가 반복되면, 바로 명령의 이원화가 이루어지게 되고 다음과 같은 결과를 초래하게 된다. 즉, 부하의 망설임, 혼란, 충돌, 소외당한 상사의 불만, 그리고 작업상의 혼란 등이 그것이다.

우리는 이후의 논의에서 명령의 이원화 현상에서 비롯되는 단점들을 피하면서, 필요한 경우 그러한 계통구조를 벗어날 수도 있음을 보게 될 것이다.

(2) 두 동료간에, 두 친구간에, 또 같은 가족의 두 성원간에 권한의 분배에서 빚어지는 당장의 어려움을 피하려는 욕심은 가끔 명령의 이원화 현상이 기업창설 당시부터 만연하게끔 만든다.

만약 두 상사가 같은 부하에 대하여 똑같은 권력과 권한을 소유하게 되면, 두 동료는 숙명적으로 그러한 이원화 현상 그것으로부터 빚어지는 폐단에 직면하게 된다.

엄한 교훈에도 불구하고, 이런 류의 경험은 헤아릴 수 없이 많다. 처음 만나는 동료들은 상호간의 정(情), 공통 관심사, 재간 등으로 모든 갈등과 심각한 의견의 차이를 없앨 수 있으리라 기대한다.

그러나 아주 드문 예외를 제외하고는, 그러한 환상은 오래가지 못한다. 뜻밖에 서로간에 거북해지고, 흥분하게 되며, 그러한 이원성이 존재할 경우는 시간이 지남에 따라 서로 미워하기 까지 한다.

결국 사람들은 명령의 이원화 현상을 견디지 못한다.

대등한 입장에 있는 두 상사 사이에는 공동의 문제가 존재하기 때문에 직권(attributions)의 현명한 배분은 그러한 위험을 완전히 제거할 수는 없겠지만 상당히 줄일 수는 있다.

그러나 직권의 배분과 권력의 분리없이 대등한 입장의 두 상사와 일을 처리해 나간다는 것은, 곧 실패를 추구하는 것에 지나지 않는다.

(3) 업무범위의 불완전한 한정 역시 명령의 이원화 현상을 유발한다. 즉, 각자가 자기에게 속한다고 생각하는 한 분야에 명령을 내리고 있는 두 상사는 명령의 이원화 현상을 낳게 하는 것이다.

(4) 여러 부문간의 끊임없는 관계에서부터, 불명확한 직능과 직권의 자연스런 뒤엉킴은 그러한 이원화 현상의 위험을 끊임없이 야기시키고 있다. 사려깊은 상급자가 질서를 바로잡지 못하면, 기업운영은 혼란에 빠지게 되고, 위태롭게 되는 폐해를 낳게 된다.

인간의 모든 협력단체, 산업체, 서비스업체, 군대, 가족, 국가에 있어서 *명령의 이원성*(dualité de commandement)은 모든 계층에 있는 상급자들의 주의를 끄는, 가끔은 아주 중대한 갈등의 끊임없는 원인 중의 하나가 되게 된다.

5. 지휘 일원화의 원칙

이 원칙은 *동일한 목표를 겨냥하는 모든 업무 일체에 대해서는 단 한 사람의 상사와 단 하나의 방안만이 필요하다*는 표현으로 설명된다.

이것은 행동의 통일, 집단 내 힘의 안배, 모든 노력의 집중적 수렴을 위한 필요조건이다.

동물세계에서와 마찬가지로 우리 사회에서 한 몸이 두 개의 머리를 가진 것은 괴물이며 정상적으로 살아가기가 어렵다.

지휘의 일원화(단 한 사람의 상사는, 단 한 가지의 계획 내지는 방안을 가진다)를 *명령의 일원화*(한 부하는 단 한 사람의 상사로부터만 명령을 받아야 한다)와 혼동해서는 안 된다. 사회적 조직체의 훌륭한 구성이 지휘의 일원화를 가능하도록 해준다면, 명령의 일원화는 인적 측면에서의 원활한 기능에 달려 있다고 말할 수 있다.

명령의 일원화는 지휘의 일원화없이는 이루어지지 않지만, 지휘의 일원화에서 유래되는 것은 아니다.

6. 개별이익의 전체이익에의 종속 원칙

이 원칙은 한 기업에 있어서 한 종업원 개인이나 종업원 집단의 이익이 그 기업의 이익을 초월해서는 안 된다는 것을 뜻한다. 즉, 가족의 이익이 한 가족 성원의 그것보다 앞서는 것이며, 국가의 이익은 한 시민 또는 시민집단의 그것을 능가해야 하는 것과 같은 이치인 것이다.

이와 같은 규정(prescription)은 더 이상 상기시킬 필요가 없는 듯하지만, 무지, 야심, 이기주의, 태만, 인간의 약점과 모든 정열들이 특정 이익을 위해서 전체이익이라는 관점을 잃어버리게 만든다. 이것은 끊임없이 견지되어 나가야 하는 하나의 싸움인 것이다.

두 가지의 서열이 다르긴 하지만 동시에 존중되어야 할 이해가 존재한다. 즉, 그들을 양립시키는 방안을 찾아야 한다. 그것은 곧 통치관리(gouvernement)의 가장 큰 어려움 중의 하나인 것이다.

그 실현방안은 다음과 같다.

① 최고 책임자(chefs)의 단호함과 솔선수범
② 가능하면 공정한 협약관례의 적용
③ 주의깊은 감독(surveillance)

7. 적정보상의 원칙

*보상*이란 제공된 서비스(봉사)에 대한 대가(prix)이다. 보상은 반드시 공정해야 하고 가능한 한 전 종업원과 기업, 사용자와 근로자들에게 동시에 만족을 줄 수 있어야 한다.

임금률(taux de rémunération)은 우선 생계비(cherté de la vie), 인력조달의 난이성, 사업의 전반적 상태, 기업의 경제적 상황과 같은 사용자의 개인적이고 주관적인 의사와 종업원들의 자질과는 상관없는 주위 여건에 우선적으로 따른다. 다음으로는 종업원의 능력에 따르며, 마지막으로는 시행중인 *임금 지불방식*에 따르게 된다.

사용자의 의도와 종업원들의 능력에 따르는 요인들에 대한 평가는 사업내역, 판단 및 공평성(공평무사)에 대한 상당한 지식을 요한다. 차후에 채용과 종업원의 능력평가에 관하여 다루게 될 것이다.

보상관리에 관한 한, 여기서는 단지, *임금 지불방식*만을 다루게 된다.

*임금 지불방식*은 기업운영(marche des affaires)에 상당한 영향을 미칠 수 있다.

그러므로 어떤 지불방식을 택하느냐 하는 것은 중요한 문제이다.

그것은 또한 실제로 지금까지 절대적으로 만족할 만한 것이 없었던 매우 다양한 해답을 얻게 되는 문제이다.

*임금 지불방식*에 있어서 일반적으로 모색하는 바는 다음과 같은 것이다.

① 공정한 보상을 확립하려는 것.
② 효용성 있는 노력에 대하여 대가를 지불함으로써 열심히 일하도록 의욕을 북돋우는 것.
③ 합리적인 한계를 넘어서는 초과보상(excès de rémunération)이 지불되지 않도록 하는 것.

나는 간략하게 현장근로자들, 중간관리자 및 최고 경영관리자들(les grands chefs)을 위하여 통용되는 임금 지불방식들을 검토해 보고자 한다.

1) 현장 근로자들을 위한 임금 지불방식

현장 근로자들을 위하여 통용되는 임금 지불방식으로는 다음과 같은 것들이 있다.

① 일급제(日給制 : paiement à la journée)
② 직무급제(職務給制 : paiement à la tâche)
③ 성과급제(成果給制 : paiement aux pièces)

이와 같은 세 가지의 임금 지불방식들은 서로 혼합해서 사용될 수 있으며 또한 *상여금*(primes), *이익참여제도*, *현물보조*(subsides en nature), *명예상의 충족*(satisfactions honorifiques) 등을 도입, 적용함으로써 다양한 방식으로 활용될 수 있다.

(1) 일급제 — 이 제도에서는, 근로자가 사용자에게 미리 설정된 가격과 이미 정해진 근로조건에 따라서 하루분의 노동을 파는 것이다.

이 제도는 인간성의 도외시(néglience)까지 치달을 수도 있고 철저한 감독을 요한다는 단점을 가지고 있다.

보통 수행한 작업에 대하여 측정하기 어려운 경우에 사용되지만 어쨌든 상당히 통용되고 있는 편이다.

(2) 직무급제 — 이 제도에서는 임금이 미리 정해진, 한 과업의 수행정도에 따라 정해지는데, 그 과업의 수행시간과는 무관할 수 있다. 과업이 작업시간중에 수행되어야 한다는 조건에서만 그

임금이 책정될 경우, 이 방식은 일급제와 혼동된다.

직무급제는 일급제만큼의 세심한 감독을 요하지는 않지만 이 제도는 능력있고 숙련된 근로자들의 생산성을 보통 근로자들의 수준으로 끌어내리는 단점이 있다. 능력있는 근로자들은 그들이 보다 많이 벌수 있다고 느끼기 때문에 불만스러워 한다. 반면에 보통의 작업자들은 그들에게 주어진 일을 너무 부담스럽다고 여긴다.

(3) 성과급제 — 임금은 수행된 작업량에 비례하며, 그 한계가 주어져 있지 않다.

이 제도는 동일 제품을 대량으로 생산하는 작업장에 자주 활용된다. 또한 제품이 무게로, 길이로, 부피로 측정될 수 있는 산업체에서도 적용된다. 이 제도는 거의 모든 경우에 전반적으로 활용된다.

이 제도는 품질을 무시한 채 양에만 치중하게 한다는 사실과 생산공정중에 이루어진 일의 진전도를 참고하기 위해 가격을 검토할 경우에 갈등을 유발시킨다는 단점이 있다.

성과급제는 중요한 작업전반에 적용할 경우, 기업에 있어서 큰 일거리가 된다. 기업가의 예기치 못한 상황으로 인해 발생되는 위험부담을 줄이기 위해서, 가끔 부품가격에다 매일의 작업량에 해당하는 가격을 더해 준다.

일반적으로 이러한 성과급제도는 일정기간 동안 열심히 일하도록 부추기게 되어 결국 임금의 인상을 초래하게 된다.

또한 이 제도는 결국 미리 경정된 가격으로 일급제(日給制 ; tâche journalière) 임금 지불방식으로 조금씩 바뀌고 만다.

거의 모든 대기업에서 위의 세 가지의 임금 지불방식을 발견하게 된다. 어떤 경우는 일급제가 주를 이루고 또 어떤 경우는 다른 두 가지 방식 중의 한 가지를 발견하게 된다. 동일 근로자가 어떤 사업장에서는 성과급제로 일하지만 다른 경우에는 일급제로 일하고 있는 경우도 보게 된다.

세 가지 방식 모두가 다 장단점들을 가지고 있고, 그 효율성의 문제는 처한 여건과 기업주의 수완에 달려 있다.

그러나 무엇보다 중요한 점은 임금 지불방식이나 임금률 마저도 능력있고 요령있는 경영관리자들을 대신할 수 없다. 근로자들의 열성과 작업장에서의 평온한 분위기는 절대적으로 경영관리자의 능력에 달려 있는 것이다.

2) 상여금(Primes)

근로자로 하여금 기업의 존속 발전에 관심을 갖도록 하기 위해서는 일급제, 직무급제 또는 성과급제에다가 가끔(어느 정도는 정기적으로) 수당형태로 추가지불을 해주기도 한다. 그 예로서는 정근(精勤)수당, 활동수당, 설비정상 가동수당, 생산수당, 청결수당 등을 들 수 있다.

이러한 수당들의 상대적 중요성, 그 속성과 수당을 받을 수 있는 조건들은 극히 다양하다. 소액의 일상수당, 월별수당, 연간 상여금, 다소의 주식증여 등이 있을 수 있다. 또한 이윤분배에의 참여, 가령 예를 들면 대기업에 있어서의 근로자들간에 연간 분할 지급되는 약간의 할당금이 그것이다.

프랑스의 몇몇 탄광에서는 몇 년 전부터 근로자들을 위하여 할당된 이윤 또는 초과이윤에 비례하는 수당지급제도를 활용하고 있다. 근로자들에게는 어떠한 요구도 하지 않지만, 그 수당을 받으려면 특정 조건들이 지켜져야 하는데, 보기를 들면 일년 내내 파업이 없어야 한다든지, 결근이 정해진 일수를 초과하지 말아야 한다든지 하는 규정들이다.

이러한 형태의 수당제도는 근로자들과 사용자 사이에 큰 논쟁 없이 광부들의 임금지불에 있어서 이윤참가제도를 도입하게 되었다. 근로자들은 사용자가 그들에게 제공하는 거의 무상에 가까운 증여금(贈與金)을 마다하지 않았다. (그러나) 그러한 계약은 상무적인 것은 아니다.

기업에 있어서 호경기 덕분에, 근로자들의 연간 임금이 수당제도의 실시로 인하여 상당히 증대되었다. 그러면 불경기엔 어떻게 될 것인가?

이와 같이 흥미로운 제도가 평가받기에는 아직 너무 새로운 면이 많다. 물론 이 제도가 문제의 보편적인 해결책은 아니다.

석탄산업분야에서는 석탄 판매가에 따라 달라지는 또 다른 형태의 수당제도가 있다. 최저 임금법안이 채택될 무렵 없어진 이래, 오랫동안 웨일즈(Wales) 지방에서 시행되어 온, 그 지역의 석탄 판매가에 비례한 수당과 고정급에 근거를 두고 산정되던 순임금률 제도가 오늘날 북부 및 도버해협의 광부들의 임금을 지불하는 방식이 되고 있다. 이 제도는 루르 지방에서도 채택되었다.

이 제도는 석탄산업의 번영과 광부들의 임금간에 어떤 상관관계를 형성하게 되었다. 사람들은 이 제도가 판매가를 높이기 위하여 근로자로 하여금 한계생산까지 밀어붙이고 있다고 비난한다.

우리는 임금문제를 해결하기 위해서는 여러 가지 다양한 방법들이 있을 수 있음을 알게 되는데, 전반적인 욕구충족에 이르기에는 아직 거리가 멀다는 점이 문제이다. 결국 모든 방안들이 임시적 방편에 불과한 것이다.

3) 이익에의 참가(Participation aux bénéfices)

(1) 근로자들(Ouvriers) — 근로자들로 하여금 이익에 참여케 한다는 생각은 아주 매혹적인 것이다. 자본과 노동의 일치를 겨냥하는 듯하나, 이 일치에 대한 실질적인 방식은 아직 구체화하지 못했다. 근로자들의 이익에의 참여는 지금까지 대기업들에서 뛰어넘기 어려운 적용상의 어려움들에 봉착해 왔다.

우선 이 제도는 영리적 목표를 갖지 않는 — 즉, 국가(봉사)기관, 종교단체, 박애주의단체, 학술단체 등 — 기업에서는 있을 수 없음을 분명히 해두어야 한다. 그리고 적자운영중인 기업에서도 불가능하다. 그렇게 보면 이익참여제도는 상당수의 기업들에게는 적용할 수 없게 되는 것이다.

결국 경제적인 번창을 누리고 있는 기업들만이 그 적용이 가능하게 된다. 그들 가운데 근로자와 기업주의 이해관계를 조정시키고 조화시키려는 의욕이 프랑스의 광산업과 철광업 분야만큼이나 높은 데도 없다. 그럼에도 나는 이들 산업분야에 있어서 근로자들의 순수한 이익참여제도를 적용한 경우를 알지 못한다.

이러한 사실들로부터 우리는 당장, 문제가 극히 복잡하거나 그렇지 않으면 불가능하다는 결론을 얻을 수 있다. 사실상 매우 어려운 문제임에는 틀림없다.

사업이 잘 되어가든 손해를 보고 있든간에, 근로자는 그의 생계를 꾸려나갈 임금을 당장 필요로 한다. 경우에 따라 앞으로 발생할 수도 있고 어떤 이윤에 대한 근로자들의 보상에 전적으로 의존케 하는 시스템은 적용이 불가능한 것이다.

그러나 아마도 임금의 일부가 기업의 전반적인 이윤에서부터 비롯되는 것일 수도 있지 않은가?

그러면 한번 살펴보기로 하자.

관련되는 모든 요소들에 대하여 한 대기업의 최종결과에 다소 크게 영향을 미치는 한 근로자의 활동이나 능력의 몫을 밝혀낸다는 것은 불가능한 것이다. 다시 말하면 아무런 의미가 없다.

배분된 배당금으로부터 근로자들에게 주어지는 몫은 기껏해야 5프랑의 임금에 대한 몇 쌍띰(centime)[1] 밖에 되지 않을 것이다. 다시 말해서, 그의 임금에 직접적으로 기여하는 한번의 곡괭이질이나 줄질과 같은 최소한의 보충적인 노력이 그에게 보다 더 이로울 것이다. 그러므로 근로자는 그가 이윤에 영향을 미치는 활동(action)에 비례하는 이윤참가제도에 의해 임금을 받는 것은 아무런 이득도 되지 못한다.

1) 역주 : ① francs에 대한 프랑스의 화폐단위로 현재(1989.11)의 1프랑에 대한 환율은 105원이다. 이 책이 출판된 연대가 1916년 이므로 이 당시의 5프랑은 상당한 가치를 지녔음을 짐작할 수 있다.
② 1centime = 1/100 franc

대부분의 대기업에서는 20여년 전에 이루어졌던 임금인상이 자본에 대한 할당금 총액보다 많은 총액으로 나타나고 있음은 주목할 만하다.

사실상 대기업의 이윤에 대한 근로자들의 순수하고 실제적인 참가제도는 아직 실제적으로 적용되지 않고 있다.

(2) 중간관리자(Chefs moyens) — 직공장들이나 직반장 그리고 기사들에 대한 이윤참가제도는 근로자들의 그것보다 거의 앞서 있지 못한 상태이다. 그렇지만 기업의 산출결과에 미치는 이들의 영향은 매우 대단하며, 만약 그들이 한결같이 이윤에 관심을 갖지 않는다면, 그것은 아마도 그들의 참가방식(formule)을 규정하기가 어렵기 때문일 뿐이다.

아마도, 관리자들은 그들의 과업(devoir)을 수행하도록 하기 위해서는 화폐적 자극은 필요치 않을 것이다. 그러나 그들이 결코 물질적 욕구충족에 무관심하지는 않으며 추가적인 이윤에 대한 바램이 그들의 열의(zele)를 자극시킬 수 있음은 분명히 인정해야 한다. 마찬가지로 중간관리자들도 이윤의 배분이 가능하다면 반드시 관심을 보일 것이다.

기업이 초기단계에 있거나 특별한 노력을 기울일 경우, 중요한 성과를 가져다 줄 수 있는 고전중인 기업에 있어서는 그 적용이 상대적으로 쉬운 편이다. 그래서 이러한 참가제도는 기업전체의 이윤에 대하여 적용시킬 수도 있고 아니면 관계자들의 특정 활동분야에만 적용시킬 수도 있다.

기업의 연륜이 오래되고 제대로 운영이 되고 있는 경우에는 한 특정 중간관리자의 열성이 전체결과에는 가시적으로 나타나지도 않으며, 그에게 유용한 참여를 규정지어준다는 것은 정말 어려운 일이다.

사실상, 프랑스의 대기업에 있어서는 중간관리자들의 이윤참가제도를 실시하는 경우를 거의 찾아보기 어렵다.

한 부서의 생산량이나 특정 결과에 따라 상여금 — 이윤참가제도와는 혼동치 말아야 할 — 을 지불하는 경우는 매우 흔한 편이다.

(3) 최고 경영자(Grands chefs)

— 프랑스의 대기업들에 있어서 흔히 이윤에 관심을 가지고 있는 종업원들(agents)의 범주를 찾으려면 최고 경영층까지 올라가야 한다.

기업경영자는 그의 지식과 생각과 행동을 통하여 전체 결과에 대하여 상당한 영향을 미치며, 이러한 결과에 그로 하여금 관심을 갖도록 한다는 것은 아주 자연스러운 것이다. 그의 개인적 행동과 그 결과간의 밀접한 관계를 수립한다는 것이 가끔은 가능할 때도 있다. 그렇지만 일반적으로 경영자의 개인적인 행동보다 훨씬 큰 비율로 전체적인 결과를 변동시킬 수 있는 경영자의 자질과는 전혀 독립된 또 다른 영향요인들이 존재한다. 만약 그 경영자에 대한 대우가 전적으로 이윤에 따라 결정되어 왔다면, 이윤이 없게 될 경우에 있어선 무일푼의 봉투를 받는 경우도 있을 수 있었을 것이다.

하기는 이윤참가제도가 경영자에 대한 대우의 바탕이 될 수 없는 경우라면 번창하는 기업에 비하여 지휘통제해 나가는데 적지 않은 재능(talent)이 요구되는, 이제 갓 창업되었거나 매각처분 상태에 있는 또는 위기에 직면하고 있는 기업들이라 할 수 있다.

결국 국가의 상위직 공무원들은 이윤참가제도에 의해 임금이 지불될 수가 없는 것이다.

그러므로 이윤참가제도는 근로자들을 위한 것이지, 상위직 관리자들을 위한 *임금지불*(보상)의 보편적 제도가 될 수는 없다.

요컨대, *이윤참가제도*란 훌륭한 결과를 가져올 수 있는 몇몇 경우에만 적용될 수 있는 임금 지불방식이지, 보편적으로 적용될 수 있는 해결방법은 아니다.

적어도 내가 보기에 당분간은 노사간의 갈등(les conflits du capital et du travail)을 완화시키기 위해서는, 이러한 분배제도에 기대를 걸 수 없을 것 같다. 다행히도 지금까지 이 사회에 그런대로의 평화를 보장하기에 충분했던 다른 방법들이 있어 왔는데, 그러한 방법들은 아직도 효과를 거두고 있다. 그 방법들을 연구하고, 적용하고 성공을 거둘 수 있도록 하는 것은 경영관리자들의 노력이 어느 정도인가가 관건이 된다.

4) 현물보조(Subsides en nature)

- 복지제도(Institutions de bien-être) : 명예적 만족(Satisfactions Honorifiques)

임금이 현금만으로 주어지든가 아니면 난방비, 전기료, 주택비, 식량 등의 여러 가지 다양한 보조형태를 취하든지간에 중요한 문제는 그것이 아니라, 종업원이 만족하느냐에 달려 있다.

한편, 기업은 종업원들이 보다 활기차게, 보다 자각심을 가지며, 보다 성실하고, 보다 안정됨으로써 그만큼 그들의 공헌이 커지게 되리라는 것은 의심할 여지가 없다. 기업주는 기업의 이해라는 관점에서 바람볼 뿐일 테지만, 종업원들의 건강, 역량, 교육훈련(instruction), 사기와 안정성에도 정성을 쏟아야 한다.

이와 같은 기업이 잘 기능해 나가는 데 필요한 요소들은 단지 직장 내에서만 획득되어지는 것이 아니라, 기업 외부에서도 형성되며 개선된다는 것이다. 즉, 가정에서, 학교에서, 일상생활과 종교생활에서도 그러하다는 것이다. 기업주는 기업 밖에 있는 종업원들을 돌보는 데도 관심을 쏟도록 해야 하는데, 여기서 범위상의 문제가 제기된다.

이 문제와 관련하여 그 의견들이 매우 분분한 편이다. 어떤 불행한 사태들을 경험한 일부 기업주들은 기업 내의 문제와 임금규정에만 관여하는 것으로 그쳐 버렸다.

그러나 대부분의 기업주들은 그러한 기업가적 행동(action patronale)은 신중하고 용의주도할 것을 조건으로 할 뿐만 아니라, 강요되기 보다는 스스로 원해서 되도록 문화와 이해관계자의 자유를 존중하는 범위 안에서 이루어질 때, 유용하게 발휘될 수 있다고 믿는다. 그러한 행동은 하나의 호의적인 협력(collaboration bienveillante)이어야지 압제적인 보호(tutelle tyranique)가 되어서는 안 된다. 그것이 바로 성공의 필수적인 조건인 것이다.

기업주의 복지제도는 위생과 안락의 문제와 관련된다. 가령, 환기, 조명, 청결, 식당 등의 문제가 그것이다. 공장 외에서는 주택문제, 급식문제, 그리고 교육훈련문제와 관련된다.

공제제도(共濟制度 ; œuvres de prévoyance)도 이러한 방식의 한 범주에 속하는 것이다.

명예적 만족은 대기업의 경우에만 볼 수 있는데, 이러한 제도는 거의 십중팔구 공공분야(국가적 사업 ; domaine de 1'Etat)에서만 이루어지는 것이라 말할 수 있다.

종업원의 가치와 신분(sort)을 높여줄 수 있고, 모든 직위에 있는 사람들의 의욕(zele)을 자극할 수 있는 모든 임금 지불방식들은 경영관리자들의 끊임없는 관심의 대상이 되어야 한다.

8. 중앙집권화의 원칙

'분업'과 마찬가지로 *중앙집권화*도 자연적 질서의 한 현상이다. 다시 말하면 이러한 중앙집권화는 동물 유기체나 사회적 기관 모두에서 이루어지고 있는 것이다. 감각이 두뇌나 중앙통제기구로 수렴되고, 두뇌나 중앙통제기구로부터는 기관의 모든 부문을 움직이게 하는 명령이 내려지는 것이다.

중앙집권화는 그 자체만으로서 좋거나 나쁜 관리체제라고 말할 수 없다. 지도부나 여건에 따라 채택될 수도 있고, 채택되지 않을 수도 있기 때문이다. 그리고 중앙집권화란 항상 다소간 존재하는 것이다. 중앙집권화냐 지방분권화냐 하는 문제는 단지 정도의 문제인 것이다. 기업에 유리한 장점을 찾아내느냐 못 찾느냐에 달려 있는 것이다.

기업주의 명령이 부하들에게 직접 전달되는 소규모 사업에서는 중앙집권화가 절대적이고, 최고 경영자가 일정한 위계에 의해 부하들과 구분되어 있는 대기업에서는 결제와 같이 명령이 반드시 거쳐야 할 일련의 중간과정을 거치게 된다. 각 구성원(agent)은 의도적이든 비의도적이든간에 결제된 서류의 전달과정처럼 명령의 전달과 집행 과정에 자신을 개입시키게 된다. 그러나 그것이 단순한 기계장치처럼 운용되지는 않는다. 중간 계층에 주어지는 주도권(part d'initiative)은 최고 경영자의 성격에 따라 그의 재능에 따라 부하들의 재능에 따라 그리고 또 기업의 여건에 따라 달라지는 것이다. 그러니까 중앙집권화 정도는 경우에 따라 달라질 수밖에 없다.

추구해야 할 목표는 모든 구성원들의 능력들을 가능한 한 최대로 발휘케 하는 것이다.

만약 최고 경영자의 재능이나 힘, 지능, 경험, 착상의 신속성(rapidité) 등이 그의 행동을 보다 넓게 신장시켜 나갈 수 있게 해준다면, 중앙집권화를 아주 멀리까지 확대할 수가 있는 것이고, 단순한 집행관 역할을 하는 스탭진(seconds)들을 줄일 수도 있을 것이다. 이와는 반대로 전반적인 지침을 주지 않는 주위 참모(협력자 : collaborateurs)들의 경험, 의견, 조언을 대폭적으로 받아들이기를 좋아한다면, 대폭적인 지방분권화를 할 수도 있는 것이다.

최고 경영자나 종업원들의 절대적이고 상대적인 재능이 끊임없이 변하는 한, 중앙집권화 또는 지방분권화의 정도도 끊임없이 변화될 수 있음을 알 수 있다. 문제는 여건에 따라 보다 바람직한 방향으로 해결되어야 한다는 것이다.

그러한 문제는 상급자의 지시에 따라서만 제기되는 것이 아니라, 모든 계층의 간부들에게도 제기되는 것이다. 부하의 주도권을 어느 정도 확장시켜 줄 것인가 아니면 제약할 수 있는가만이 문제가 되는 것은 아닌 것이다.

전체 성과를 최대로 높여줄 수 있는 조치(mesure)를 취하는 것이 곧 중앙집권화와 지방분권화의 성패를 좌우하는 것이다. 부하들의 역할의 중요성을 증대시키는 모든 것은 지방분권화와 관련된 것이고, 이러한 역할의 중요성을 감소시키는 것이 중앙집권화인 것이다.

9. 관리계층 연쇄의 원칙

관리계층(hiérarchie)이란 상부 권위자에서부터 하부 구성원에 이르는 간부들의 계보인 것이다.

계층통로(voie hiérarchique)란 모든 계층수준으로 통하는 길(chemin)이고, 상부 권위자에서 비롯되거나 또는 그에게 전달되는 정보전달체계(communications)를 말한다. 이 통로는 *확실한 정보전달*(transmission assurée)의 필요성과 명령의 일원화(unité de commandement)를 동시에 기하기 위해서 불가결한 것이다. 그러나 그 통로가 항상 신속히 전달되는 것은 아니다. 가끔 불행하게도 대기업의 경우 특히나 국가차원에서는 길어지기도 한다.

그런데 얼마만큼 신속하게 처리하느냐에 따라 성패가 좌우되는 업무들이 수없이 많이 있다. 그러므로 신속하게 처리해야 함은 물론 계층통로의 준수가 이루어질 수 있어야 한다.

그것은 다음과 같은 방식으로 이루어지게 된다.

가령 계층이 그림의 G-A-Q 사다리 모양으로 나타나는 기업에 있어서 F부문과 P부문과를 관련짓는 문제에 관한 경우를 상정해 보도록 하자.

계층통로를 따라 각 단계에서 멈추면서 F에서 A까지 애써 올라가야 할 것이고, 이어서 A에서 P로 내려가야 할 것이다. 그리고는 출발점으로 되돌아오려면 P에서 A로 올라가서 A에서 F로 내려와야 할 것이다.

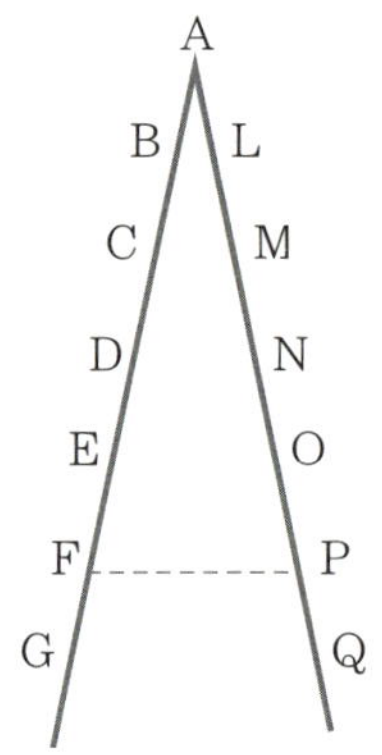

다리(架橋 : passerelle) F-P를 지나면서 F에서 P로 바로간다면 훨씬 더 간단하고 신속해지는데 이것이 흔히 취하는 방법이다.

상사인 E와 O가 각각 부하인 F와 P에게 직접적인 업무협조관계를 갖도록 허용한다면 계층연쇄의 원칙은 지켜지게 될 것이다. 그리고 만약 F와 P가 그들이 공통으로 의견을 모은 사항에 대하여 그들 각각의 상사에게 즉각 알려주기만 한다면 상황은 완전히 정상화되게 될 것이다.

F와 P가 의견의 일치를 보이고 그들의 업무가 그들의 직속상사에 의해 확인된 이상, 그들의 직접적인 업무협조 관계는 지속될 수 있다. 의견이 일치되지 않고 상사의 승인이 이루어지지 않는 순간부터 직접적인 관계는 멈추게 되고, 계층통로는 즉시 재개된다.

이러한 것이 거의 대부분의 조직에서 확인될 수 있는 현행체제인 것이다. 이는 계층의 모든 차원에서 이루어지고 있는 다반사적 관행이기도 하다.

소규모 기업에서는 전체적인 관심(intérêt général), 즉 기업자체의 이해관계가 파악되기 쉽고, 기업주는 그러한 이해관계를 자칫 잊기 쉬운 사람들에게 상기시켜 주기 위해 존재하는 것이다.

국가적 차원에서는 전체적인 이해관계에 대하여 분명한 개념(idée)을 쉽게 파악하기에는 너무 복잡하고 너무 광범위하며 너무 유리되어 있다. 그리고 국가원수는 거의 모든 공무원들에 있어서 하나의 신화적 존재인 것이다. 만약 상부에 의해 끊임없이 활기를 띠게끔 부추겨주지 않으면, 전체적인 이해관계에 대한 감각(sentiment)이 아리송해지고 약해지며 각 부서는 그 자체에서 결말지어져야 할 목표와 목적인 것처럼 생각하게 되는 것이다. 즉, 모든 부품들이 조화롭게 작동되어져야 하는, 하나의 큰 기계의 톱니바퀴에 불과하다는 사실을 잊게 되는 것이다. 그래서 스스로 고립되고 칸막이로 구획지어져 더 이상 계층통로를 인식하지 못하게 되고 만다.

계층연쇄를 위한 *가교*(架橋 ; passerelle)의 이용은 간단하고 신속하며 확실하다. 즉, 이는 F와 P 두 사람으로 하여금 두 사람의 직접 접촉에 의한다면, 일반적으로 보다 나은 해결방안을 얻어내지도 못하면서, 계층통로를 통하며 20회의 전달을 거쳐야 하고, 많은 사람을 번거롭게 하며, 불필요한 서류더미를 만들고, 또 몇 주 또는 몇 달이 걸릴지도 모를 그런 문제를, 몇 시간 만에 한번 정도의 회의로 처리할 수 있도록 해준다.

이렇게 어리석고 불행한 관행들이 자행될 수 있는가? 이런 일들이 정부차원의 업무들에 관한 한 불행히도 의심할 여지없이 자주 일어나고 있다.

일반적으로 책임감에 대한 우려가 그에 대한 주된 요인으로 알려져 있는데, 나는 차라리 지도자들(dirigeants)의 부족한 관리능력 때문이라고 생각한다.

만약 최고 책임자인 A가 그의 보좌역인 B와 L에 대해 가교를 이용하도록 했더라면 그리고 그들의 부하인 C와 M 등에게도 그렇게 하도록 명확히 해줬다면 책임감에 대한 습관과 용기가 가장 빠른 길의 이용과 함께 생겨나게 될 것이다.

물론 필요없이 계층통로를 벗어나는 것은 잘못이며, 또한 기업에다 큰 손해를 끼칠 만큼 융통성없이 획일적으로 계층통로를 따르는 것은 보다 큰 잘못인 것이다. 후자의 경우, 어떤 상황하에서는 큰 위험성을 발생시킬 수도 있다. 한 종업원이 두 가지 과정(procédé) 중에 하나를 선택해야 할 상황에 놓인 경우, 그리고 그의 상사의 견해를 들을 수 없도록 되어 있는 처지라면 그는 전반적인 이해가 관련된 방법을 채택하기 위해서는 상당한 용기를 가져야 하고 상당한 자유(liberté)도 누릴 수 있어야 한다.

그러나 이와 같은 정신상태가 되려면, 사전에 준비가 있었어야 하고, 그의 상사들이 그에게 본보기(exemple)를 보여주어야 한다. 즉, 본보기는 위에서부터 보여주어야 하는 것이다.

10. 질서유지의 원칙(Ordre)

우리는 물리적 질서의 관례를 잘 알고 있다. 즉, *각 사물에는 자기 자리가 있고 그 각각은 그 자리에 있어야 하듯이 사회적 질서의 관례도 동일한 것이다. 즉, 각자에게는 나름대로의 자리가 있고, 각자는 자기 자리에 있어야 한다.*

1) 물리적 질서

위의 정의에 따르면 물리적 질서가 잡히려면, 각 사물마다에 자기 자리가 마련되어야 하고, 모든 사물은 그에게 주어진 자리에 놓여 있어야 한다.

그것으로 충분한 것인가? 그 자리가 아주 잘 선정되었다고 할 수 있겠는가?

질서는 재료의 손실과 시간의 손실을 피할 수 있도록 잡혀져야 한다. 그러한 목표가 완전히 달성되려면 각 물건들이 제자리에 정돈된 상태로 있어야 할 뿐만 아니라, 각 자리는 모든 작업이 용이하도록 선정되어야 한다. 후자의 조건들이 충족되지 않는 한 질서는 피상적인 것일 뿐이다.

피상적인 질서는 실질적인 질서를 덮어버릴 수 있다. 나는 잘 정돈되고 가지런하며 깨끗하게 늘어선 자재들이 질서의 쾌적한 인상을 주고 있는 철강재 저장고로 쓰이는 공장복도를 본 적이 있다. 너덧 가지의 철강재들이 같은 무더기 속에 뒤섞여 있음을 알 수 있었다. 그로 인해 소용없는 일거리가 발생하고, 시간의 손실을 가져오고, 혼란을 야기시킬 수도 있으니 그것은 각 물건들이 제자리에 있지 못했기 때문인 것이다.

반대로 겉으로 보이는 무질서가 실질적인 질서인 경우도 있다. 주인의 의도에 따라 사방에 흩어진 듯 보이는 서류들을 그 의도는 좋지만 알아볼 능력이 없는 하인이 제맘대로 분류하고 가지런히 종이뭉치로 정돈하는 경우가 그것이다. 그렇게 되면 주인은 서류들을 더 이상 알아볼 수가 없게 되는 것이다.

*완전한 질서*란 현명하게 선택된 자리를 필요로 하는 것이고 *피상적인 질서*란 실질적인 질서의 모호성과 불완전성의 이미지에 불과한 것이다.

청결함은 질서의 필연적인 귀결인 것이고, 불결함에는 어떤 자리도 주어질 수 없는 것이다.

관리자들의 사무실로 나누어져 있는 건물 전체의 배치를 나타내는 도표는 질서를 잡고 통제하는 것을 매우 용이하게 해준다.

2) 사회적 질서

개념적 정의에 따른 기업 내에서의 사회적인 질서가 잡히려면 각 구성원들에게 자기 자리가 주어져야 하고, 각 구성원들은 자기에게 주어진 자리에 있어야 한다.

완전한 질서란 나아가서 그 자리는 그 구성원에게 적합되고, 그 구성원은 그 자리에 적합되기를 강요한다. 즉, *적재적소의 원칙*(역주 ; *The right man in the right place* – 이 부분은 저자 자신이 영어로 표기하였음)이다.

이와 같은 의미를 내포한 사회적 질서는 가장 어려운 두 가지 관리적 업무가 해결된 경우를 가정한다. 즉, 훌륭한 조직화와 인력의 채용이다. 기업을 가동하는데 필요한 부서가 결정되었다면 이 부서에 적임자들을 선발해야 하며, 각 구성원들은 그가 업무를 가장 잘 수행할 수 있는 부서로 배치받게 된다. 이와 같은 것이 완벽한 사회적 질서인 것이다. "각자에게 한 자리씩 주어지고 각자는 그 자리에 있어야 함."을 말하는 것은 간단해 보이지만, 또한 이러한 원칙이 국가 원수에 의해 언급되는 것을 수십 번째 듣게 될 때 곧 그것이 완벽한 관리적 아이디어임을 상기하면서 당연히 그렇게 되기를 바라게 되지만 그것은 한갓 신기루일 뿐이다.

사회적 질서는 기업의 요구(besoins)와 사회적 자원(ressources sociales)에 대한 정확한 지식과 자원들간의 일정한 균형을 요구한다. 그런데 이 균형을 이루는 것과 유지하는 것이 몹시도 어렵고, 기업이 성장하면 할수록 더 어려워지게 된다. 그리고 특정한 이해가 전체적인 이해를 무시했다거나 희생케 했다거나, 야심이나 족벌주의(népotisme), 정실주의(favoritism), 또는 단순한 무지가, 필요없이 부서를 늘렸거나, 필요한 부서에 무능한 사람들을 앉혔다든지 해서 이러한 균형이 깨졌을 경우, 악습을 근절하고 질서를 되찾아 실제적으로 부서별 불안정을 없애려면 상당한 재능(talent)과 상당한 의지 그리고 더 많은 끈기를 필요로 하게 된다.

"각자에게 한 자리, 각자는 제자리."라는 질서의 정신이 국가에 적용되었을 경우 대단한 파급효과를 지니게 된다. 이는 국민 모두와 각 개인에 대한 국가의 책임문제이고, 예비된 개인에 대한 운명(sort)과 단결의 문제이며, 사회 전반의 문제인 것이다. 나는 이와 같은 질서의 원칙이 혼미스럽게 널리 퍼져나가는 것을 더 이상 좌시하지 못하겠다.

사기업들의 경우와 특히나 소규모 기업에 있어서는 필요에 따라 인력의 채용을 균형잡히도록 한다는 것은 더욱 어렵다.

물리적 질서에서와 마찬가지로, 도표와 도식은 사회적 질서를 잡고 통제하는 데 많은 도움을 준다. 이는 곧 전인적 자원의 총체와 적임자들로 이루어진 기업의 모든 부서들을 나타내 주는 것이다. 이 조직도의 문제는 조직화 부문에서 언급될 것이다.

11. 공정성의 원칙

왜 *정의*(justice)가 아니고 *공정성*(équité)이란 표현을 썼는가?

정의란 설정된 규약(conventions)들의 실현이다. 그러나 그러한 규약들은 예상되는 모든 것을 포함할 수가 없는 것이다. 흔히 그것들을 해석해야 하거나 불충분한 부분들을 보완해야 한다.

전 구성원(le personnel)이 그들의 직능을 수행함에 있어서 자발적으로 그들의 능력이 닿는 데까지 충분히 헌신할 수 있도록 사기를 북돋워주기 위해서는 온정으로서 대해 주어야 하는데, 공정성이란 정의에다가 온정을 가미하는 데서 비롯되는 것이다.

공정성은 단호함(énergie)도 엄정함도 배제하지 않는다. 실제에 있어서 공정성은 상당한 양식(良識 ; bon sens)과 경험 그리고 상당한 호의(bonté)를 필요로 한다.

공정성에 대한 욕구와 평등에의 욕구는 사람을 대우하는데 있어서 크게 고려해야 할 여망들인 것이다. 이러한 욕구들에 대해 최대의 만족을 주기 위해서는, 어떠한 원칙도 무시됨이 없이 전체의 이익을 도모한다는 생각을 가지면서 기업주는 그의 최고의 재능을 발휘해야만 한다. 그리고 계층의 어느 차원에서든지 공정성의 분위기가 스며들 수 있도록 노력해야 한다.

12. 고용안정성의 원칙

한 종업원이 자기에게 주어진 새로운 직능에 익숙해져서 훌륭하게 수행할 수 있는 단계에까지 이르려면 어느 정도의 시간이 걸리게 된다 — 물론 그가 필요한 자질을 갖췄다고 가정했을 경우이다.

만약 숙련상태에 도달하기도 전에 그 종업원을 이동 배치하게 되면 능숙하게 일할 수 있는 여유를 갖지 못하게 될 것이다.

그리고 만약 똑같은 상황이 끝없이 반복된다면, 그 직능은 결코 제대로 달성될 수 없을 것이다.

그와 같은 *불안정성*이 빚어내는 좋지 못한 결과들은 상급직원들의 숙련기간이 일반적으로 긴 대기업의 경우에 특히 가공할 만한 것이 된다. 사실상 한 대기업에 있어서 일과 사람 사이에 통합이 이루어지려면, 그리고 실행 주체를 결정하게 되려면, 또한 모두가 스스로 자신감을 갖게 되려면 상당한 시간을 요한다. 무난할 정도로 중간수준의 능력을 가진 상사는, 늘상 거쳐지나가기만 하는 높은 직위의 상사보다 안전성 면에서 훨씬 낫다고들 가끔 얘기하기도 한다.

일반적으로 번창하는 기업의 최고 경영층은 안정되어 있는 반면, 경영상태가 좋지 못한 기업의 경영층은 자주 바뀐다. 경영층의 잦은 이동은 부실한 경영상태의 원인인 동시에 결과이기도 하다. 최고 직위의 상사 한 사람을 교육 훈련하는 데는 일반적으로 엄청난 비용이 소요된다.

그렇지만 인사교체는 불가피한 것이다. 즉, 연령, 질병, 퇴직, 사망 등은 사회단체의 조직구성을 어지럽게 만든다. 어떤 종업원들은 힘에 겨워서 그들의 직능을 완수할 수 없는 지경에 이르게 되는 반면, 또 어떤 종업원들은 보다 큰 책임을 다할 수 있는 데까지 다다르기도 한다.

그렇게 되면 다른 모든 원칙들처럼 *안정성*의 원칙도 정도의 문제가 되는 것이다.

13. 자발성의 원칙

계획을 구상하고 성공토록 하는 과정은 이지적인 인간이 느껴볼 수 있는 가장 강한 충족들 중의 하나이며 또한 인간활동에 대한 가장 강한 자극들 중의 하나이다.

이와 같이 구상하고 실행할 수 있는 가능성을 흔히 *자발성*이라고 부르는 것이다. 제안할 수 있는 자유와 실행할 수 있는 자유도 역시 각각 그쪽에서 보면 자발성인 것이다.

사회적 계층의 모든 수준에서 볼 때, 구성원의 열의와 활동은 그러한 자발성에 의해 증대되는 것이다.

상사의 자발성을 부추기기도 하고 필요에 따라서는 채워주기도 하는 모든 사람의 자발성은 기업에 있어서는 하나의 커다란 힘이 되는데, 특히 어려운 시기에 그런 것이 필요함을 인식하게 된다.

가능하면 이러한 재능은 역시 진작시키고 개발시켜야 한다.

권한과 규율을 준수해야 한다는 주어진 한계 속에서 모든 사람의 자발성을 부추기고 유지시키려면 상당한 요령과 용기가 필요하다. 상사는 그의 부하들에게 나름대로 만족감을 안겨주기 위해서는 약간의 자존심을 희생할 줄도 알아야 한다.

어떤 경우이건간에 종업원들에게 자발성을 부여할 줄 아는 상사는 그런 걸 모르는 사람보다 훨씬 우위에 있는 사람임에 틀림없다.

14. 종업원 단결의 원칙

"*뭉치면 힘이 생긴다.*"

이 격언은 기업주들로 하여금 깊이 생각하게끔 만든다.

조화로움(harmonie), 즉 한 기업 내에서의 종업원들간의 단결은 그 기업 내에서 큰 힘이 되는 것이다. 그러므로 그것을 형성하도록 노력해야 한다.

활용할 수 있는 여러 가지 방법들 가운데서 특별히 관찰해봐야 할 원칙 한 가지와 피해야 할 위험 두 가지를 미리 제시하고자 한다. 잘 살펴보아야 할 원칙이란 곧 *명령의 통일*(unité de commandement)이다. 피해야 할 두 가지 위험이란 첫째는, '다스리려면 흩어지게 하라'라는 명구(銘句)에 대한 잘못된 해석이고, 둘째는, 문서화된 의사전달의 남용이다.

1) 조직 구성원을 함부로 분산시키지 말라

적의 힘을 약화시키기 위해서는 흩어지게 하는 것이 꽤 좋은 방법이다. 그러나 자기의 군대를 분산시키는 것은 기업에 마이너스가 되는 중대한 잘못이다.

이러한 오류는 관리능력이 불충분하거나, 뭔가를 잘못 이해했거나 또는 개인적인 이해 때문에 전체적인 이해를 희생시키는 이기주의에서 비롯되는 것으로서 기업에 폐해가 되므로 항상 비난의 대상이 되는 것이다.

부하들간에 분산을 조장시킬 하등의 이유가 없는 것으로 이는 어디에나 적용될 수 있는 것이다. 오히려 노력을 통합 조정하고, 의욕을 북돋우며 모든 사람의 능력을 활용하며 시기심을 불러일으키지 않고, 인간관계를 해치지 않으면서 각자의 공적(업적)에 대한 보상을 해주어야 한다.

2) 문서화된 의사전달의 남용

업무문제를 다루려 한다든지 반드시 설명을 요하는 명령을 내리려면, 일반적으로 문서에 의한 것보다는 구두로 행하는 것이 보다 간단하고 보다 신속하다. 우리는 종종 대화로 풀어질 수 있는 갈등이나 오해들이 문서로 했을 경우에 악화되는 예를 보게 된다.

그러므로 가능하다면 모든 경우에 있어서의 제관계는 구두에 의해 이루어지는 것이 좋다. 그래야 신속성, 명확성, 조화로움 등을 꾀할 수가 있는 것이다.

그런데 어떤 기업들에 있어서는 서로간에 여러 가지 관련이 있는 이웃한 부서의 직원들이나 서로 쉽게 만날 수 있는 같은 부서의 직원들조차도 문서상으로 의사전달을 하려고 한다. 그렇게 함으로 해서 기업에 이롭지 못한 일거리가 많아지고, 업무가 복잡해지고 지체되게 된다. 동시에 부서 간에 또는 같은 부서 내의 직원들간에 일종의 이질감이 퍼지게 됨을 지적할 수 있다. 문서화된 의사전달제도는 보통 이와 같은 결과를 초래하게 된다.

이와 같은 졸렬한 제도를 개선시킬 한 가지 방안이 있는데, 그것은 곧 구두에 의한 의사전달로 쉽사리 대체될 수 있는 문서화된 모든 의사전달을 금하는 것이다.

여기서도 역시 우리는 어느 선까지 대체할 것인가 하는 정도의 문제에 부딪치게 된다.

단결력(puissance de 1'union)이 같은 직장 내의 직원들간의 조화로움과 같이 긍정적인(heureux) 효과만을 지니지는 않는다.

즉, 상거래상의 협약(ententes commerciales), 노조(syndicats), 모든 유형의 이익단체(associations)들은 기업의 통치관리(gouvernement)에 상당한 역할을 하게 되는 것이다.

이러한 이익단체의 역할은 반세기전부터 매우 신장되어 왔다. 나는 1806년에 응집력도 없고, 유대관계도 없는 그야말로 일개 개인에 지나지 않는 대기업의 근로자들을 보았는데 노조(syndicats)가 그들에게서 사용자와 대등한 입장에 설 수 있는 공공단체를 만든 것이다.

그 당시에 비슷한 대기업들간에는 노사 상호간의 이해관계를 공동합의에 따라 해결할 수 있도록 하면서 상호존중하는 노사관계를 조금씩 정착시키려는 경쟁적 노력이 있어 왔다. 기존의 습관이나 관념들을 극단적으로 바꾸어버린 새 시대의 장이 열린 것이다. 기업주들은 이와 같은 변화를 반드시 감안해야 한다.

나는 이쯤에서 경영관리 *원칙*들에 대한 고찰을 멈추고자 한다. 그 이유는 원칙들이 이제 바닥이 나서가 아니라 — 열거하자면 정확히 한정할 수 없지만 — 이제 거기에 대하여 잘 규정된 열두어 개의 원칙들로 이루어진 경영 관리적 공리(doctrine administrative)를 제시하는 것이 특히 유용할 것으로 여겨지기 때문이다.

지금까지의 원칙들에 관하여 나의 개인적인 견해를 아주 간략하게 밝혀 보았다. 앞으로 제정되게 될 *경영관리법전*(code administratif)에서 한 자리를 차지하게 될지는 아마도 공개토론에서 결정될 것이다.

이 경영관리법전은 반드시 필요한 것이다. 서비스업 또는 산업에, 정치 또는 종교 전쟁 또는 박애에 관한 것이든, 모든 것의 운영관리에서는 달성해야 할 경영관리직능이 있으며, 이 직능을 달성하기 위해서는 이 원칙들, 다시 말해서 이미 인정된 바 있고 증명된 것처럼 생각되어지는 진리들에 근거할 필요가 있는 것이다. 이러한 진리들 전체를 필요한 순간마다 제시해 주는 것이 법전인 것이다.

영원한 도덕률(원칙)들이, 또는 십계명이나 교회의 율법들이 *경영관리자*들에게 있어서 결코 충분한 지침이 되지 못하며, 하나의 특별한 법전이 그들에게 필요하다는 사실에 우리는 놀라지 않을 수 없다.

하지만 이와 같은 도덕적이거나 종교적 질서에 대한 상위율법들은 일반적으로 인간 개인이나 현세의 이해문제가 아닌 것만 주목의 대상으로 삼는데 반해서, 경영관리원칙들은 자원결합의 성공과 경제적 이해의 충족을 겨냥하고 있기 때문에 목표가 다른 한, 그 수단들이 같지 않다는 것은 새삼 놀라운 사실이 아닌 것이다. 동질성도 없을 뿐만 아니라 서로 모순될 것도 없는 것이다.

가장 훌륭한 원칙을 적용한다 할지라도 원칙이 없으면 모호해지고 혼란에 빠지게 되고 경험이 없고 기준(mesure)이 없으면 모호해지고 혼란에 빠지게 되며 경험이 없고 기준(mesure)이 없으면 대단히 난처한 입장에 처하게 된다. 원칙은 방향제시를 해주는 등대인 셈인데 원칙이란 곧 항로를 아는 사람에게만 도움이 될 수 있는 것이다.

제2장 경영관리의 요소

1. 기 획

“통치관리한다는 것은 곧 기획(prévoyance)하는 것이다.”라는 격언은 기업(affaire)의 세계에 있어서 기획이 가지는 중요성의 한 관점을 말해 주는 것이며, 만약 기획이 전적으로 통치관리를 의미하지 않는다면 적어도 필수적인 한 부분인 것은 사실이다. 여기서 기획한다(prévoir)는 것은 미래를 예상하고 또한 미래를 예비한다는 것을 의미한다. 즉, 기획한다는 것은 벌써 행동에 돌입한 것이다.

*기획*은 무수한 방안과 수단(manières)들을 내포하게 되는데, 가령 주로 어떻게 발현시킬 것인가, 어떤 민감한 징후를 보이는가, 가장 효과적인 수단은 무엇인가 등으로, 이는 곧 *행동방안*(programme d'action)인 것이다.

*행동방안*은 목표로 했던 결과인 동시에 추구해야 할 노선이고, 넘어야 할 단계이며, 활용해야 할 수단들인 것이다. 즉, 그것은

앞으로의 일들이 생각한 바대로 어느 정도 명료하게 나타나고 또한 보다 먼 미래의 상황들이 조금씩 조금씩 희미하게 나타나는 일종의 미래에 대한 조감도인 것이다. 그것은 곧 일정기간 동안을 위한 예상하고 준비했던 기업의 운영구상인 것이다.

*행동방안*은 다음과 같은 사항들에 바탕을 두게 된다.

① 기업자산 — 부동산, 공구기기, 원재료, 자본, 인적자원, 생산력, 판로(débouchés commerciaux), 사회관계 등등.
② 현재 진행 중인 업무의 성격과 중요성.
③ 미래에 대한 가능성. 여기서의 가능성이란 부분적으로 미리 그 중요성이라든가 순간을 규정지을 수 없는 변화에 따라야 할 모든 기술적, 영업적, 재정적, 기타의 조건들에 좌우되는 것이다.

*행동방안*에 대한 준비는 기업전반에 걸쳐서 가장 중요하고 가장 어려운 업무들 중의 하나이다. 즉, 그러한 준비는 모든 부서와 모든 직능 특히 *경영관리적* 직능을 가동케 만든다.

그것은 사실상 기업주가 행동방안에 대한 주도권을 쥐고 목표와 세부사항을 제시하며, 공동작업에 있어서 각 부서의 직무를 결정하고, 전체적으로 조화를 이루도록 부분들을 조정하며 결국 추구해 나가야 할 노선을 결정하는 등, *경영관리자*로서 자신의 직능을 수행하기 위한 것이다.

이러한 행동과정에 있어서 훌륭한 관리의 원칙들이나 규칙들 간에 아무런 충돌이 없을 뿐 아니라, 취해진 조치들이 이러한 원칙과 규칙들의 적용을 이용하도록 해주어야 한다.

행동방안을 설정하기 위해서는 기업주와 그의 협력자들은 필요한 여러 가지 기술적, 영업적, 재정적 기타의 여러 가지 능력에다 세부적인 경영관리적 능력을 반드시 겸비해야 한다.

1) 행동방안의 일반적인 특성

아무도 행동방안의 유용성을 부인하지는 않을 것이다. 어떤 사람이 어떠한 행동에 임하기 전에, 할 수 있는 것과 하고 싶은 것을 반드시 알아야 한다.

우리는 행동방안의 부재가 망설임과 엉뚱한 운영, 상당한 취약성의 원인이 되기도 하는 시기가 적절치 못한 방향수정이나, 아니면 기업을 파산에 이르기까지 할 수 있음을 알고 있다. 그러므로 행동방안의 필요성에 대해서는 더 이상 의문의 여지가 없는 것이며, 나는 행동방안이 *필수적*이라는 사실을 주장하면서 나의 전반적인 견해를 밝혔다고 생각한다.

그러나 방안에도 여러 가지가 있다. 즉, 간단한 것이 있는가 하면 복잡한 것이 있으며, 간결한 것이 있는가 하면 세부적인 것이 있으며, 장기간에 걸친 것이 있는가 하면 단기간의 것도 있다. 또한 어떤 것은 아주 용의주도하게 검토된 것이 있는가 하면 가볍게 다뤄진 것도 있다. 그리고 훌륭한 수준의 것, 중간 정도의 것도 있다.

방안들 가운데에서 좋은 것들을 어떻게 구별해 낼 수 있는가?

한 행동방안의 실질적인 가치, 즉 그것이 기업에 기여할 수 있는 바에 관해서는 경험만이 가장 적절히 대변해 줄 수 있는 것이다. 그리고 그 방안이 적용되는 방식도 고려해야 한다. 연장이 따로 있고, 그것을 사용하는 기술자가 따로 있는 것과 마찬가지다.

그런데 실제로 실행해 보지 않고, 미리 앞당겨 얘기할 수 있는 몇 가지 일반적인 특성들이 있다.

*방안의 통일*을 예로 들어보기로 하자. 한번에 한 가지의 방안만을 적용할 수밖에 없는 것이다. 두 개의 서로 다른 방안을 적용한다면, 이원성(dualité)과 혼동 그리고 무질서를 초래하게 될 것이다.

그러나 하나의 방안은 여러 부문으로 나누어질 수 있다. 대기업의 경우에는 전체적인 방안과 더불어 *기술적* 방안, *전반적* 방안, *재정적* 방안 등등 또는 각 부서마다의 *특정*방안을 포괄하는 전반적인 방안이 있음을 볼 수 있다. 그러나 이 모든 방안들은 하나가 또는 여러 방안들 중에 어느 하나에 가해진 대부분의 수정이 당장 방안 전체에 영향을 미치게끔 서로 관련지어져 있고 결합되어 있는 것이다.

방안의 실행은 *계속*되어져야 하는데, 인간의 통찰력의 한계가 기필코 방안들이 무한정 지속될 수 없게끔 만들고 있다. 직접적 실행에 있어서 끊임이 없도록 하려면, 시차를 두지 않고 첫 번째에 이어지는 두 번째 방안이 필요하고, 두 번째에 이어지는 세 번째 방안…… 이와 같은 식으로 계속되어져야 한다.

대기업에 있어서, *연간*(annuel)계획은 거의 보편적으로 이루어지고 있다. 항상 연간계획과 긴밀히 조화를 이루는 보다 장기의 혹은 보다 단기의 계획들은 연간계획과 동시에 실행되는 것이다.

그런데 그러한 계획은 상황의 불리함이나 혹은 어떤 이유에서든지 필요하다고 생각되는 재조정에 대하여 *상당히 유연해야* 한다. 언제나 그런 것처럼 법칙 앞에 승복할 수밖에 없는 것이다.

계획의 또 다른 질적 요건은 기업의 운명에 영향을 미치는 불확실성과 양립될 수 있는 대단히 *치밀함*(précision)을 지녀야 한다는 것이다. 보통, 아주 상당한 정도의 치밀함만 기한다면 앞으로의 행동노선을 어느 정도 그려볼 수가 있다.

먼 장래에 수행될 업무에는 단순한 *지침*(directive) 정도로 적당하다. 왜냐하면 그러한 업무를 집행할 시점이 오기 전에 행동노선을 보다 낫게 설정할 수 있도록 하는 확실한 지식을 얻게 될 것이기 때문이다. 불확실성의 비중이 상대적으로 아주 클 경우, 계획은 어떠한 치밀함도 가질 수 없다. 그렇게 되면 그 기업은 *모험기업*이라는 이름을 얻게 된다.

이른바 *통일성*, *계속성*, *유연성* 그리고 *치밀함*, 이와 같은 것은 훌륭한 행동방안의 일반적인 특성인 것이다.

행동방안이 가져야 하는 속성과 중요성 그리고 제 조건들에 따르는 또 다른 특별한 질적 요건들에 관해서는, 유사한 기업경영에 좋았다고 알려진 바 있는 다른 방안들과 비교해 보기 전에는 미리 그것들을 규정지을 수가 없을 것이다. 그러므로 각각의 경우에 앞으로, 건축물을 지어나가야 할 건축가가 하는 것처럼, 기업경영의 실제에 있어서 비교 요소들과 모형을 찾아내야 한다. 경영관리자보다 정보입수에 있어서, 더 나은 위치에 있는 건축가는 건축 사진첩이나 건축학 강의의 도움을 빌 수가 있다. 그러나 행동방안에 대해서는 사진첩과 같은 것도 없고, 기획에 대한 교육과정이 없기 때문에, 어떤 경영관리적 공리가 만들어져야 한다.

사실 훌륭한 방안들이 적지는 않다. 그것은 기업의 운영상태에서 미루어 짐작할 수는 있으나, 그것을 확실히 파악하고 판단하기 위해서 근접하여 관찰하기란 쉽지 않다. 그렇지만 경험이 있는 최고 경영자들이 그들의 계획을 수립하기 위해서 어떻게 하는지를 안다는 것은 경영관리 해 나가야 할 모든 사람들에게 매우 유익한 것이다. 열두어 개의 잘 정선된 실례로써 충분할 것으로 본다.

참고자료 내지는 본보기로 내가 잘 알고 있는 광업 및 제련업 분야의 한 대기업에서 오래 전부터 활용해오던 방법을 설명해보고자 한다.

2) 광업 및 제련업분야의 한 대기업에서의 실행방안의 설정방식

이 회사는 여러 개의 별도의 공장을 가지고 있고 약 1만여 명의 종업원을 고용하고 있다.

전체 방안은 계획안(prévisions)이라고 부르는 별개로 된 일련의 계획들로 구성되어 있다. *연간계획*들이 있고 *십개년* 계획들, *월간*계획들, *주간*계획 그리고 *일상*계획들이 있다. *아주 장기간*의 계획이 있고 특별계획이 있기도 하다. 그리고 이러한 계획들은 기업의 *방침*수립에 쓰이는 한 개의 개별계획에 근거하게 된다.

(1) 연간계획

매년, 1회기 말 두 달 후에는 이 회기의 업무와 결과에 대해서 하나의 *종합보고서*가 작성된다. 이 보고서는 특별히 생산, 판매, 기술, 영업 및 재무상태, 인사문제, 경제적 결과 등을 다룬다.

이 *보고서*는 같은 내용을 다루는 *계획서*와 함께 제출되는데, 이 *계획안*들은 새로운 회기에 대한 업무와 가능한 결과를 미리 작성한 일종의 보고서인 것이다.

새로운 회기가 시작된 지 두 달 동안은 앞 회기 말 15일 전에 작성된 *임시계획*이 있기 때문에 계획 없는 공백기간은 아니다.

광업 및 제련업 분야의 한 대기업에서는, 1년 동안 내내 지속적으로 집행되는 업무는 별로 없다. 기업에 활력을 주는 기술적, 영업적 및 재무적 계획들은 준비와 실시에 보다 많은 시간을 요한다.

다른 한편으로는, 앞으로의 업무들이 장래의 업무에 미치게 될 영향을 고려해야 하고, 가끔은 아주 오래 전부터 기대해왔던 바를 준비해야 한다는 의무적인 측면도 반드시 고려해야 한다.

마지막으로, 전체적으로 볼 때 산업계에 있어서, 특별하게는 기업에 있어서 기술적, 영업적, 재무적, 그리고 사회적 상황에서 일어나는 끊임없는 변화들을 생각해야 하며 우발적인 사건으로 말미암아 지장 받는 일이 없도록 해야 한다.

이러한 여러 가지 고려해야 할 사항들은 *연간계획*의 윤곽에서부터 드러나게 되며 장기계획으로 이어진다.

(2) 십개년 계획

십개년 계획은 실제로 *연간*계획과 같은 내용을 다룬다.

처음엔 이 두 가지 계획이 똑같았다. 왜냐하면 연간계획은 십개년 계획의 첫해 것과 구별되지 않기 때문이다. 그러나 두드러진 상이점(차이점)은 둘째 해부터 나타나게 된다.

방안의 통일성을 기하기 위해서는, 매년 *십개년* 계획을 *연간* 계획과 조화를 이룰 수 있도록 해야 한다. 그래서 몇 년 후에는 *십개년* 계획이 일반적으로 상당히 수정되고 변화되어서 더 이상 분명치 않게 되어 다시 만들어야 할 필요성을 느끼게 된다.

그리고 사실상 매 5년마다 다시 만들어야 함을 알게 된다.

규칙이라면 *십개년* 계획이 항상 10이라는 의미를 담고 있다는 것이고, 또 그러한 십개년 계획은 매 5년마다 다시 작성된다는 것이다. 이렇게 해서 우리는 적어도 5년 앞을 내다보는 행동노선을 가지게 되는 것이다.

(3) 특별계획

이것은 그 주기가 십년 또 수십 년의 기간을 초과하는 경우에 적용하는 것이다.

급작스럽게 기업의 여건들이 상당히 수정시켜야 할 또 다른 경우에도 그러하다.

어느 것이든 간에 그 귀결은 당연히 *연간*계획과 또 *십개년* 계획에서도 주요한 위치를 차지하는 *특별*계획의 대상이 된다. 하나의 계획만이 있을 뿐이라는 점에는 이의가 없는 것이다.

이 세 가지의 계획들 — *연간, 십개년, 특별계획*들 — 이 어우러지고 조화를 이루면서 기업의 *전반적 방안*을 구성하게 되는 것이다.

각 부서장들의 협조 아래 각 지사장들에 의해 면밀한 계획으로 준비되면, 전체 사장단에서 재검토하고 수정해서 완성하게 되고, 다시 이사회의 검토와 승인을 받게 되면 이 계획은 다른 것으로 대체되지 않는 한, 모든 종업원들의 지침이 되고 강령이나 규율로 쓰이는 *방안*이 되는 것이다.

여기 *연간* 및 *십개년* 계획에서 다루어지는 내용을 표로 나타낸 것과 이 계획들을 완료하여 요약한 도표들의 모델을 예시해 본다.

〈연간 또는 십개년 계획〉

—목　　록—

기술부문

양도물——부동산——원재료
개　발——제　조——생　산
신규사업——수정사업
부동산 및 원재료의 유지보전
원가관리

영업부문

판로
판매 가능한 제품량
점포——협상 · 계약내용
고객 : 중요도——지불능력 · 신용도
판매가

재무부문

자본——부채——예금
유통자본…{현금 조달 상황 / 상품 / 채권 내용 / 현금 보유고}
가용자본

적립금 및 기타 준비금

채무상태…{ 임금 / 공급업자에 대한 외상매입금 / 기타 }

감가상각 —— 배당금 지급상태 —— 은행차입상태

회계부문

대차대조표 —— 손익계산서 —— 기타 통계자료

보호안전부문

사고 예방을 위한 조치

도난 · 경계관리 —— 소송문제 —— 후생관리

보험내용

경영관리

실행방안

인사조직관리 —— 채용

지휘

조정 —— 협의

통제

내가 이와 같은 계획체계를 사용한 지는 50년이나 되었다. 그러니까 한 탄광의 경영관리에 실제로 적용되어 왔던 것이다. 최고경영층이 나에게 의뢰해 온 여러 기업체에 바로 그와 같은 서비스를 주저하지 않고 해 주었었다. 나는 이 시스템을 경영관리에 대한 하나의 귀중한 도구로 간주하며 더 나은 수단을 지니지 못한 이들에게 사용해 보도록 추천해마지 않는다.

몇몇 단점들이 없는 것은 아니지만, 이 시스템이 지니고 있는 장점에 비추어보면 사실상 아무 것도 아니다.

이 시스템의 장·단점을 한번 살펴보도록 하자.

3) 계획의 장점과 단점

① 자원, 미래의 가능성 그리고 목적달성에 채택될 수단들에 대한 연구는 기여할 수 있는 범위 내에서 모든 부서장들의 관여 개입을 요청하게 되며, 각기 이러한 연구에 대한 계획실현에 있어서 자신에게 주어지는 책임감과 함께 그들의 경험에서 얻은 바를 제공하게 된다.

이렇게 되면 어떠한 자원도 경시되지 않고, 미래의 가능성들이 과감하면서도 면밀히 평가되면서, 그리고 수단과 방법들이 목표에 제대로 적용되게끔 훌륭한 여건들이 갖추어지게 된 것이다.

기업이 할 수 있는 바와 원하는 바를 아는 한, 흔들리지 않고 나아가게 된다. 그렇게 되면 기업은 현재 진행 중인 사업에 안전하게 착수하게 되고, 제기될 수 있는 모든 성질의 갑작스런 사태에 대하여 모든 힘을 한데 모으기 위한 태세에 돌입하게 된다.

② 연간계획의 작성은 항상 까다로운 업무 가운데 하나인 것이다. 그러니까 이 연간계획을 처음 수행할 때면 특히 지루하고도 권태로운 것이지만 매번의 갱신이 약간의 단순화를 가져오게

되고 그 계획이 하나의 관습이 되어버리면 고통과 어려움들은 크게 감소된다.

이렇게 되면 연간계획이 지니는 유리한 점은 오히려 증가하게 된다. 즉, 계획의 실현에 요구되는 요망사항, 예상치와 실적 간에 요하는 비교, 저질러진 과오와 실현된 성공에 대한 확인, 재발하거나 회피해야 할 수단들의 모색 등, 이 모두가 새로운 계획들을 점점 더 흥미롭고 유용한 하나의 일거리로 만들어 준다.

이러한 작업을 하면서 각 구성원(인사 : personnel)은 해마다 그의 자질을 증대시키고 일정 시점에 가서는 자신이, 시발점에서보다 훨씬 높은 단계에 도달해 있음을 인식하게 된다.

사실상, 이러한 결과는 단지 계획의 실행에 기인하는 것만은 아니다. 그렇지만 훌륭하게 연구된 하나의 계획은 조직, 지휘, 조정 그리고 통제의 올바른 실행 없이 그냥 이루어지지 않는다. 경영관리(administration)의 이러한 요소는 다른 모든 것에 영향을 미친다.

③ 지속적인 조치(action)의 부족과 올바르지 못한 방향전환은 계획성 없는 사업들을 끊임없이 위협하는 위험들인 것이다. 약간의 역풍(vent contraire)을 견뎌내려는 준비를 하지 못한 항해는 쉽게 엉뚱한 방향으로 빗나갈 수도 있다. 중대한 사태가 발생할 경우, 일시적으로 스쳐지나가긴 하지만, 크나큰 혼란으로 말미암아 유감스러운 방향전환이 이뤄질 수 있는 것이다. 단지 조용한 시기에 충분히 연구된 계획만이 미래에 대한 명확한 전도를 유지하게끔 해주고 현존하는 위험에 대하여 지적인 능력과

물리적 힘들을 가능한 한 최대의 총화를 이룰 수 있도록 집중시키게끔 해준다.

특히 어려운 시기들일수록 계획수립이 필요한 것이다. 가장 훌륭한 계획으로도 도래될 수 있는 특별한 모든 사태들을 미리 예측할 수는 없다. 그러나 잘 수립된 계획은 이러한 사태들에 대하여 한몫을 하게 되고 갑작스런 경우에 대하여 필요한 무기를 준비할 수 있게 해준다.

그러한 계획은 중대한 사태들이 유발될 수 있는 바람직스럽지 못한 방향전환이나 경영 고위층의 경솔하고 변덕스러운 처신으로 야기되는 피해들을 미연에 방지해준다. 또 그런 계획은 기업이 목표에서 사소하게 벗어나는 일을 통제함으로써 더 심각한 결과를 초래하지 않도록 해주는 역할을 한다.

4) 훌륭한 실행방안의 작성에 필요한 조건과 성질

요컨대, 실행방안은 기업자원들의 이용과 목표에 도달하는데 사용할 최선의 수단들의 선택을 용이하게끔 해준다. 즉, 그러한 계획은 망설임, 서투른 조작, 정당화되지 않은 방향전환들을 없애주거나 감소시켜 준다. 그러한 방안은 조직 구성원의 질적 개선 향상에도 이바지한다.

실행방안은 통치관리에 대한 하나의 값진 도구인 것이다.

그런데 왜 이와 같은 도구가 널리 통용되지 못하고 또 완전에 가까운 정도까지 모든 이에게 포용되지 못하는가를 자문해 볼 필요가 있다. 그 이유는 아마도 그 방안의 구상이 상위층 인사들로 하여금 한자리에 모이게 하는 데 꽤 어려운 몇 가지 자질과 조건들을 강요하기 때문인 것 같다.

하나의 훌륭한 실행방안의 작성은 상위층 인사들에게 다음과 같은 자질들을 요한다. 즉, 첫째, 부하를 다루는 솜씨, 둘째, 많은 활동성, 셋째, 높은 수준의 사기진작, 넷째, 상당히 높은 고용안정성, 다섯째, 기업운영에 대한 상당한 정도의 전문능력, 여섯째, 기업운영에 대한 전반적 경험이 그것이다.

(1) 부하 다루는 솜씨

대기업에 있어서는, 대부분의 부서장들이 추진방안의 작성에 참여한다. 이러한 필요성은 이따금 보통의 일상적인 작업에 요구되기도 한다. 즉, 그러한 참여는 특정의 책임을 내포하고 평소에 어떤 특별한 대가를 바랄 빌미를 제공하지 않는다.

이러한 조건에서 부서장들로부터 성의 있고 적극적인 협조를 얻기 위해서는, 고통이나 책임마저도 두려워하지 않는 사람을 능란하게 부릴 줄 아는 능력을 필요로 한다. 사람을 능란하게 부릴 줄 아는지의 여부는 부하의 열성과 상급자의 신뢰감에서 알아보게 된다.

(2) 활동성

연간계획, 십개년 계획 그리고 특별계획들은 고위층 인사의 끊임없는 주의와 관심을 요한다.

(3) 사기(士氣)

사람들은 가장 훌륭하게 연구된 계획이라 할지라도 꼭 그대로 실현되지 않으리라는 것을 잘 알고 있다. 계획들이란 결코 예언이 아니라, 예외적인 상황들을 줄이기 위해 이뤄지는 것이다.

그렇지만 일반대중과 사업운영에 가장 견식이 넓은 기업의 이해관계자들도 기업의 경영관리자가 자의적이건 타의적이건 간에 여망을 제대로 이뤄내지 못했을 때는 별로 호의적이지 못하다.

그러나 얼마간의 조심성도 필요하기 때문에 가능한 한 최선의 결과를 추구하기 위한 계획된 모든 것을 반드시 실행해야만 할 의무에는 어느 정도의 융통성은 있게 마련이다.

소심한 사람들은 방안을 폐지하려고 하거나 비판의 대상이 되지 않도록 하기 위해서 무의미하게 만들려는 경향도 있다. 그것은 그들의 관점에서 보더라도 잘못된 생각임에 틀림없다. 기업의 운영을 위태롭게 하는 방안의 부재는 기업주로 하여금 엉성하게 실현된 계획들의 원인을 설명해야 하는 책임보다 훨씬 더 중대한 책임에 직면케 만든다.

(4) 지도층 인사의 고용안정성

실행방안의 작성에 실질적으로 착수하기 위해서는, 신임부서장이 현재 진행 중인 작업들, 부서원들의 능력, 기업의 자원들, 조직 전반 및 미래의 가능성에 대한 충분한 지식을 취할 수 있어야 하기 때문에 상당한 시간을 요한다.

만약, 이 순간에 그가 그 일을 수행하는 데 있어서, 단지 그 계획의 달성을 위해 착수하는 데 필요한 시간을 갖지 못할 거라고 느낀다면, 혹은 그가 헛수고일 거라고 단정해 버린 이 일이 그에게 단지 비판만 돌아올 거라고 확신한다면, 우리는 그가 열심히 수행할 것이라거나 또는 강요되지만 않았다면 계획을 운용해 나가리라고 믿을 수 있겠는가?

그것은 그저 고위층 인사의 인성(nature humaine)에 맡길 수밖에 없다.

지도층 인사의 고용안정성 없이는 훌륭한 추진방안이란 있을 수가 없는 것이다.

(5) 기업운영에 관한 전문적 능력 및 (6)기업운영에 대한 전반적 경험

이들 또한 방안의 실현보다 그 수립에 필요한 능력들이다.

이러한 것들이 훌륭한 실행방안의 작성에 필요한 조건들인데, 이들은 이지적이고 경험 있는 통제관리를 전제로 한다.

계획의 부재라든가 좋지 못한 계획들은 상위층 사람들의 무능력의 징표이다.

이러한 무능력으로부터 사업을 보호하기 위하여 다음과 같은 조치들이 필요하다.

① 방안수립을 *의무화*시킨다.
② 훌륭한 방안들의 모델을 대중들이 쉽게 활용하도록 한다. (이러한 모델들은 번창하고 있는 사업에서 구할 수 있다. 일반 대중의 경험과 토론은 어떤 것이 훌륭한지를 가려내 줄 것이다.)
③ 교육과정에 *기획*과 관련된 내용을 도입한다.

이렇게 함으로써, 여론이 명확해질 수 있고 무능성을 별로 두려워하지 않는 지도층 인사들을 본받게 하여 자실을 갖춘 부하들의 상대적인 중요성을 조금도 감소시키지 않게 될 것이다.

나는 여기서 대부분의 기업에 있어서 쓰여 지고 있는, 그러면서 장기계획처럼 성공을 거두는 데 가장 유리하다고 판단되어지는 행동지침을 미리 설정해 보기 위한 월간, 주간 및 일상적 계획들에 대해서까지 언급하지는 않겠다.

이러한 모든 계획(prévisions)들은 그 실현을 준비하는 데 필요한 시간을 가질 수 있을 만큼의 충분한 여유를 가지고 미리 이루어져야 한다.

5) 국가적 계획(Prévoyance Nationale)

프랑스라는 국가는 용의주도하다고 알려져 있지만 프랑스 정부는 그렇지 못하다.[1)]

우선 이러한 사실을 확인해 보도록 하자. 그리고 그 처방들을 모색해 보도록 하자.

전설 같은 *양털양말* 이야기는 프랑스 국민 가운데 그렇게 부유하지 못한 일부 사람들의 계획성에 대하여 어떤 의심의 여지도 남겨두지 않는다. 이들은 그들이 처한 상황을 개선하기 위해

---

1) 이는 오래 전에 씌어진 것이다. 『전쟁의 교훈』이라는 장에서 최근 사건들이 나에게 영감을 안겨준 부분들을 얘기하게 될 것이다. (역자 주 : 이 책이 저자의 구상대로 계속 집필되지 못했기 때문에 이 부분은 이 책에서 다루어지지 않았다.)

서 그리고 불운한 날에 미리 대비하기 위하여 절약한다. 이 점에 관하여 그들에게 보내는 찬사들은 모든 사람들에게 널리 퍼져 있는 보편적인 관습이 전혀 아님을 입증하는 것이다. 이러한 계획성은 하나의 목표에 다다르기 위하여 내핍(privation)을 스스로 감내하려 하는 역량을 보여주는 것이다. 이는 지적인 면에서의 많은 노력을 요하지 않는다.

아내가 가내공업에서 주된 장인(匠人)노릇을 하고, 그 이유가 적어도 자식들을 위한 사회적 지위의 향상을 염원하는 우수한 근로자들과 조반장(contre-maître)들의 가정생활은 종종 기획과 조직화에 대한 하나의 모델이 된다. 이러한 방안수립에는 약간의 계산을 요하지만, 이미 가장(家長)의 머리 속에 담겨져 있을 수 있다.

소규모의 제조업체나 영세상의 경우와 같은, 보다 복잡한 사업들은 한 차원 높은 기획을 요한다. 이러한 능력을 갖추지 못한 사람들은 비싼 대가를 치르게 되는데, 사람들은 일반적으로 우리네 중산층들의 질적 수준(qualité)에 경의를 표한다.

우리는 대기업에 있어서 기획이 얼마나 중요한지, 그리고 고위층의 경영자들에게 어떤 자질들이 요구되는지 잘 알고 있다. 말하자면 전문가적 능력, 경험, 경영관리 능력, 활동성, 사기 등등이 그러한 것이다. 이러한 모든 자질들이 대부분의 프랑스 대기업들에서 발견되어지고 있다.

의회에서의 토론을 통하여 우리가 판단할 수 있는 범위 안에서는 프랑스 정부에 관하여 이러쿵 저러쿵 얘기하기란 어려운 일이다.

연간계획들(예산)이 시의적절하게 마무리되는 경우는 아주 드물다.

*장기계획*들도 마찬가지이다.

대단한 기획을 요하는 이와 같은 엄청난 국가 경영관리에 있어서 사람들은 어느 정도는 그날 그날로 대처하며 살아간다.

— 왜 그럴까?

그 주된 이유는 *각료의 불안정*성에 있다.

그냥 스쳐지나가는 정부각료들은 전문가적 능력, 사무처리 경험, 그리고 조처방안의 구상에 필수불가결한 경영관리적 능력을 습득할 시간적 여유를 갖지 못한다는 것이다.

장관에게 최우선적으로 요구되는, 아주 진실해야만 하는 의정단상에서의 웅변 솜씨가, 일정 기간이 지난 다음에야 일의 실무적 처리와 권한의 행사를 통해서 얻어지는 전문지식을 대신해 주진 못한다. 요컨대 어느 정도(장관 재직기간)의 *안정성을 요하는 것*이다.

각료직의 불안정성은 국가적으로는 일종의 악폐이다. 여론이 제대로 형성되는 날에는 이러한 (정치)게임이 위험하다는 사실을 아는 한, 각 정당들은 오늘날과 같이 더 이상 방치해 두지는 않을 것이다.

정부의 무계획성에 대한 또 다른 이유는 지도자들의 책임감 결여에 있다. 예를 들어 재정적 책임, 즉 개인사업체들의 최고경영자들에게 주어지는 이 강력한 자극물이 정부에 있어서는 거의 없다는 사실이다. 이러한 질병에 대한 처방은 역시 각료로 하여금 그의 일에 몰두케 하고, 아주 규모가 큰 대기업체의 경영관리에 있어서 유일한 실질적 보장에 버금가는 도덕적 가치를 부여해 주는 *고용 안정성*에 있다.

그러므로 국가적 기획이라는 관점에서만 본다면, *각료의 안정성*을 확보하기 위한 최대한의 노력을 쏟아야 할 것이다.

2. 조직화(Organisation)

한 기업체를 *조직화한다는* 것은 바로 기업의 기능에 유용한 모든 것, 즉 원재료, 공구, 자본, 종업원 등을 갖추는 것이다.

이들 요소를 통틀어서 볼 때 크게 두 개의 영역으로 나누어 볼 수 있다. 즉, *물적* 기구(organisme matériel)와 *사회적* 기구(organisme social)가 그것인데, 여기서는 후자에 관해서만 다루게 될 것이다.

필요한 물적 자원들이 갖춰지면, 인적요소로 구성되어지는 조직기구(crops social)는 필수적인 6가지 직능들(six fonctions essentielles)을 수행할 수 있어야 된다. 즉, 기업이 포괄하는 모든 업무들을 집행해 나가야 된다.

1) 조직기구의 경영관리적 임무

한 개인이 모든 직능을 수행하는 *초보단계* 기업의 조직기구와 수천 명을 고용하는 국영 기업체의 조직기구 사이에는 여러 가지 공통점들이 발견된다.

양자 모두에게 있어서 조직기구는 다음과 같은 *경영관리적* 임무를 수행하여야 한다.

① 실행방안(programme d'action)이 충분히 준비되고 단호하게 집행되었는지에 주의를 기울인다.
② 사회적 기구와 물적 기구가 기업의 목표, 각종 자원들 및 필요성들과 제대로 연계되어 있는지의 여부를 살핀다.
③ 일원화되고 적절하며 생동감 있는 방침을 설정한다.
④ 모든 행동들을 일치시키고 일체의 노력들을 조정한다.
⑤ 의사결정은 명쾌하게, 정확하게, 확실하게 한다.
⑥ 훌륭한 인사채용(bon recrutement)이 될 수 있도록 협조한다. 즉, 각 부서에는 유능하고 능동적인 사람을 부서장으로 앉히고, 각 직위마다에는 가장 최상의 임무수행을 할 수 있는 사람이 배치될 수 있도록 해야 한다.
⑦ 권한의 부여는 명쾌하게 규정한다.
⑧ 자발성이나 책임감을 가지고 일할 수 있도록 사기를 북돋운다.
⑨ 보상은 공정하면서도 능란하게 이루어지도록 한다.
⑩ 결점이나 오류에 대해서는 징계조치를 취한다.
⑪ 기강이 잘 지켜지고 있는가를 관찰토록 한다.
⑫ 특정분야의 이해가 기업 전체의 이해에 종속되어지는지를 살펴본다.
⑬ 명령의 통일(unité de commandement)이 이루어지고 있는지에 특별한 주의를 기울인다.

⑭ 물리적 질서와 사회적 질서유지가 되고 있는지를 살펴보도록 한다.
⑮ 모든 통제가 제대로 이루어지도록 한다.
⑯ 규칙제정과 관료제적 형식존중, 그리고 쓸데없는 서류더미(煩文縟禮) 등의 오용에서의 악폐를 억제한다.

이러한 것들이 기업 전체의 인사(인적 구성원)들이 수행해야 할 *경영관리적* 임무인 것이다.

또한 그것들은 초보단계의 기업에서는 단순하지만, 기업이 더 큰 중요성을 지니게 되고 인적 구성원이 더 많아지면 많아질수록 그만큼 더 복잡해지는 것이다.

우선 우리는 기업의 무한한 다양성에도 불구하고 수량적으로 동일한 중요성을 지니는 모든 조직기구들이 그들 간에 하나의 커다란 외면적인 유사성을 가지고는 있으나, 그들은 특히 그 구성요소들의 속성과 가치에 따라 달라진다는 사실을 확인해야 할 것이다.

다음으로 우리는 조직기구의 편제(organes du corps social)와 함께 조직기구를 구성하는 개인 구성원들을 살펴보아야 할 것이며, 조직기구가 잘 구성될 수 있게끔 구성원 개개인들이 수행해야 할 조건들은 어떤 것인지를 찾아봐야 할 것이다.

마지막으로, 우리는 기업의 인사채용과 인적구성 문제에 관해 신경을 써야 할 것이다.

2) 조직기구의 구성

(1) 여러 가지 발전단계에 따른 조직기구의 형태 — 유사성 — 개인적 요소의 중요성 — 상사성

조직기구의 일반적인 형태는 대부분이 오로지 그 구성원의 수에 따라 달라지게 된다.

우선 〈표-6〉의 그림에서 나타난 바대로, 그 다양한 발전 정도에 따라 대표적 형태로 제시된 *제조업분야*의 기업(산업체)을 생각해 보도록 하자.

(a) 형태는 초보적 기업의 단독 장인(匠人)수공업자의 경우이고,

(b) 형태는 일부 근로자들이 기업주로부터 직접 명령을 받는 소규모 기업의 인적구성의 경우이다.

(c) 는 근로자의 수가 10명, 20명, 30명……으로 증가되어 가면, 경우에 따라서 기업주와 근로자들 사이에 중간계층으로서 한 사람이 끼어들게 된다. 그렇게 되면 조직기구는 (c)의 형태를 띠게 된다.

(d)～(g)는 10명, 20명, 30명 단위로 구성되는 근로자들로 구성되는 새로운 각 집단은 새로운 반장을 필요로 하게 된다. 따라서 둘, 셋, 넷 또는 다섯 명의 직공장들은 한 사람의 부서장을 낳게 만든다. 그리고 이와 같은 위계적 계층의 숫적 증가는 고위 경영관리층 까지 거슬러 올라가게 된다.

〈표-6〉

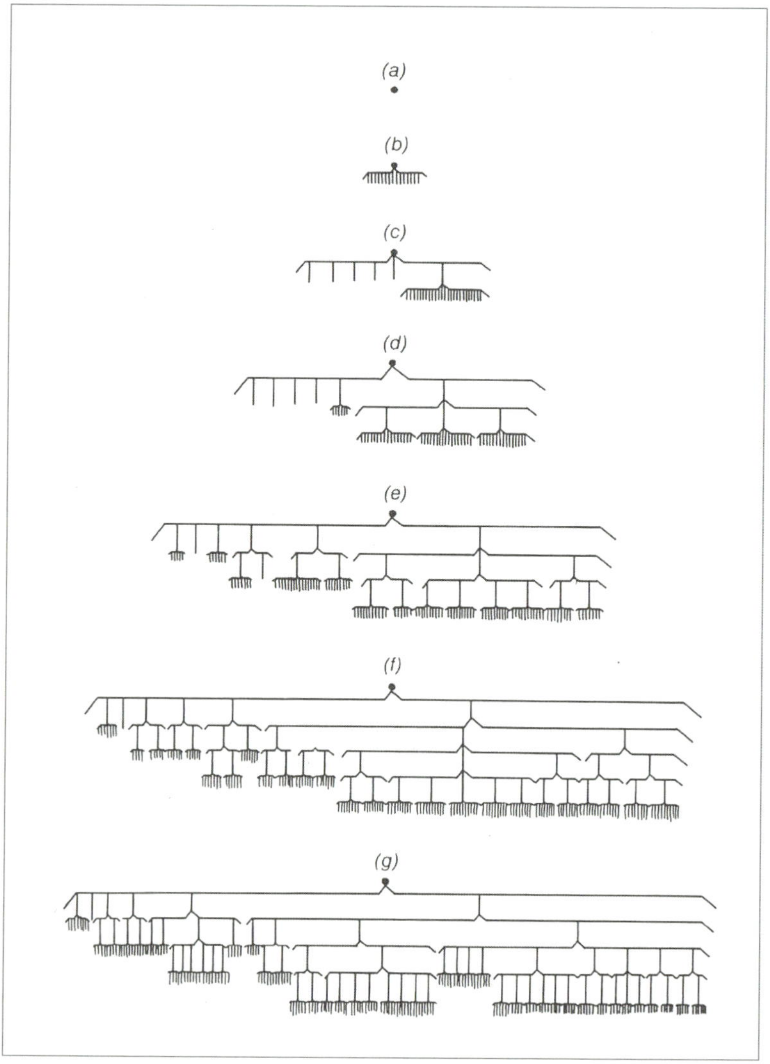

가용자본

연도	연도초가용분 M	추가분											총계 M+N
		이익	감소			증가				부동산매입		계 N	
			재고	채무	보증금	예금	채권	공탁금	예비금				

연도	M+N의 이월금	공제분															연도말 가용분 M+N−O
		배정이익	신규사업및매입	증가			감소				자회사에 대한 불입금		선수금		계 O	
				재고	재무	보증금	예금	채권	공탁금	예비금	광산	공장				

10개년 계획

생 산

연도	탄광			철광	공장			
	A	B	계	C	D	E	F	계

손 익

연도	탄광			철광	공장				자회사			총무	총계
	A	B	계	C	D	E	F	계	광산	공장	계		

신규사업에 대한 지출

연도	계열사						계
	A	B	C	D	E	F	

이익의 사용내역

연도	이익	이익배당금	배 당				잔액
			주주			계	

반장 1인당 15명의 근로자 비율이고, 한 상사 C^{n+1}에 대하여 그 아래 C^{n} 계층에 4명의 장(長)의 비율일 때, 1개 기업체의 근로자 수는 다음과 같이 될 것이다.

계층의 장(長)	계층장 휘하의 종업원 수(명)
C	15
C^{1}	60
C^{2}	240
C^{3}	960
C^{4}	3,840
C^{5}	15,360
C^{6}	61,640
C^{7}	245,040
C^{8}	983,780
C^{9}	3,932,160
C^{10}	15,728,640
C^{11}	62,914,560
C^{12}	251,658,240

조직기구의 발전양태는 통상 어느 정도의 구성원 수로 집단을 형성하는가에 따라 달라진다는 사실과, 아주 큰 기업의 계층분화의 정도는 상당히 한정된다는 점을 보여주기 위하여 초항이 15이고 그 비율이 4인 하나의 단순한 기하급수의 수치들을 예로 들어본 것이다. 만약 각 계층에 한 개의 계급단위를 부여했다면 아주 큰 기업체의 최고경영자의 수장(袖章 : galon)의 수는 여덟

개 내지 아홉 개를 넘지 않을 것이고, 아주 큰 규모의 정치조직의 지도자 또는 종교지도자의 그것은 열 개에서 열두 개 정도일 것이다.

모든 유형의 기업에 있어서 그 조직기구는 *발전의 정도에 따라* 산업체의 그것과 같은 방식으로 구성되고, 모든 조직기구는 유사하게 된다. 이와 같은 유사성은 동종분야의 기업들에 있어서 직능의 동일성 내지는 업종이 다른 기업들에 있어서 절대다수의 직능들이 서로 유사하다는 사실로서 설명되어진다. 동종분야의 기업들에 있어서는 완벽하리만큼 유사하고, 서로 다른 분야에 있어서는 완벽에 가깝지 않지만 그 유사성이 현저할 정도가 된다.

예로서, 일천 명에서 이천 명 정도의 근로자를 고용하고 있는 탄광업 1개 업체와 제련업 1개 업체와 같이 성질이 다른 두 *산업체*의 구조적 짜임새(cadres)를 나타내는 두 개의 〈표-7〉과 〈표-8〉을 보도록 하자.

두 개의 기업이 동일한 보편적 측면과, 기술부서가 한 경우(제련업체)에는 *제조부*(fabrication), 다른 경우(탄광업체)에서는 *채광부*로 불리어지는 것을 제외하고는, 동일한 명칭을 갖는 동일한 핵심부서들을 가지고 있음을 보게 된다.

성격이 어떠하든 간에, 동일한 수의 근로자들을 고용하는 모든 산업체에는 동일한 구조적 짜임새가 들어맞게 된다.

〈표-7〉 공장의 조직구조

- 관리운영부 및 그 참모
  - 제조부 / 수석엔지니어
    - 용광로 부서장
      - 보급 · 저장 ………… 감독
      - 제조 ………… 조반장
    - 제강소 부서장
      - 갑 ………… 기사
      - 을 ………… 기사
    - 압연기 부서장
      - 재생 ………… 기사
      - 중형 ………… 기사
      - 소형 ………… 기사
      - 철판제조 ………… 조반장
    - (실린더식)선반기 ………… 조반장
    - 실험실 및 시험제작 ………… 화학기사
  - 유지,건립,기타 부서장
    - 유지와 건립 ………… 실장
    - 전기 ………… 조반장
  - 영업부서장
    - 구매 ………… 실장
    - 판매 ………… 실장
    - 재고 ………… 창고관리자
  - 회계부서장
    - 기술 ………… 실장
    - 영업 및 전반 ………… 실장
  - 출납창구 ………… 출납계원
  - 기타
    - 법률송과 ………… 부서장
    - 의료봉사부 ………… 이사
    - 공안 ………… 수위

〈표-8〉 탄광의 조직구조

최상위	부서	하위 부서	업무	담당
관리운영부 및 그 참모	채광부 수석엔지니어	지하작업	제1작업반	기사
			제2작업반	기사
			제3작업반	기사
			제4작업반	기사
			계획실	실장
		채석장		기사
		기계준비부 부서장	선광	감독
			세척	감독
			집적	감독
			탄화(炭化)	감독
			실험실	화학자
		수송부 부서장	철도	감독
			장비	감독
	유지, 조립, 기타 부서장		기계	기사
			전기	기사
			건물, 통로	숙련근로자
	영업부 부서장		구매	실장
			판매	실장
			재고	창고관리자
	회계부 부서장		기술	실장
			영업 및 전반	실장
	출납창구			출납계원
	기타		법률소송과	부서장
			의료봉사부	의사
			공안	수위

비중을 차지하는 부서는 *기술*부서이고, 상업과 같은 서비스업의 경우에는 영업부서일 것이며, 군대에 있어서는 군사업무부서, 학교에서는 교육부서, 교회에서는 종교부서가 될 것이다…… 가장 발전된 조직기구는 기업체의 성격을 띤 전문직능으로 이루어진 그것이다. 그러나 전체적으로 볼 때, 조직기구는 같은 발전의 정도에 따라서, 항상 동일한 보편적 측면을 지니게 된다.

동일한 보편적 측면이란 동일한 내적 구성과 동일한 조직 구조적 가치를 의미하는 것은 아니다. 같은 외면성을 가진 두개의 조직기구 가운데에서 조직을 구성하는 구성원 개개인의 질적수준(자질)에 따라서 하나는 훌륭한 조직일 수 있고, 다른 하나는 그렇지 않을 수 있다.

개인적 구성요소를 고려하지 않을 수 있었다면, 사회적 기구를 구성하기란 아주 쉬웠을 것이다. 흔한 모형을 구상하고 필요한 자본을 갖춘 사람이라면 누구나 할 수가 있을 것이다. 그러나 유용한 조직기구를 창설하려면, 사람들을 집단으로 구성하여 직능을 배분하는 것만으로 충분하지 못하다. 조직기구를 필요에 따라 적합시킬 줄 알아야 하고, 필요한 인재를 찾아서 최대한의 기여를 할 수 있게끔 적재적소에 배치할 줄 알아야 한다. 요컨대, 수없이 많고도 근실한 자질을 요하는 것이다.

기업의 조직기구는 흔히 *기계*, *식물* 또는 *동물*에다 비유되곤 한다.

'경영관리기관', '경영관리적 메커니즘'과 같은 표현들은 조직의 최고책임자의 추진력에 따르면서 유기적으로 잘 결합되어진 모든 부문들이 함께 움직이고, 동일한 목표달성에 협조하는 하나의 조직기구를 착상하게끔 해주는데 매우 훌륭한 것이라고 생각된다. 그러나 이러한 표현들은, 기계적 메커니즘과 같이, 경영관리적 메커니즘이 힘을 소실하도록 방치하면서 운동을 전달할 수밖에 없다는 생각도 가능케 해줄 것이다. 이는 분명 잘못된 생각인데, 왜냐하면 관리적 메커니즘 — 즉, 중간계층의 모든 경영관리자들 — 은 활동과 아이디어의 생산주체일 수 있고 또 그렇게 되어야만 하기 때문이다. 이러한 메커니즘의 부분마다에, 그리고 중간계층의 경영관리자마다에는 기업가의 활동력을 상당히 폭넓게 펼칠 수 있는 잘 채용된 주도세력이 존재하고 있다.

그러므로 관리기구의 행동의 범위가 넓음으로 해서 다원적으로 전달되는 과정에서 초기의 힘이 소실되기 때문만은 아니다. 오히려 고위층의 무능에 있는 경우가 많다. 왜냐하면 구심력이 약해질 경우 원심력이 그것을 앗아가기 때문이다.

식물의 생태는 역시 사회생활과 수없이 많이 대조되는 경우가 있다.

그 발전의 관점에서 보면 나무의 어린 외줄기에서부터 가지가 벌어지고 나뭇잎들이 무성하게 된다. 그리고 고위층의 명령이 조직기구의 최 말단에까지 그리고 가장 멀리까지도 활동을 가능케 함과 동시에 나무의 모든 가지뿐만 아니라 아주 작은 가지의 지맥(支脈)에 이르기까지 나무의 원기가 되는 수액(樹液)이 생명을 유지시킨다. 나무들은 "하늘까지 자라지는 않는다."라고 한 것처럼 사회의 조직기구들도 그 나름의 한계를 지닌다. 그 이유는, 전자의 경우는 수액의 상승력의 불충분 때문이고, 후자의 경우는 경영관리능력 부족 때문이 아닐까?

그러나 나무 자체의 성장발전만으로 다다를 수 없는 어떤 힘 또는 능력이 숲(forêt)이라고 하는 나무의 병치(juxtaposition ; 並置), 즉 집단형성으로부터 나올 수가 있다. 기업이 기업간협약, 해외지점망, 기업합동(트러스트), 기업연합(카르텔) 단체들을 통해서 얻는 것이 바로 그것이다. 하나의 커다란 자율성을 지니는 각 단위는 각자에게 폭넓게 부여된 협력을 공동체에 기울이게 된다.

어렵게 간신히 넘어설 수 있는 어느 정도의 규모에서부터는 병치에 의한 집단형성이 최소한의 경영관리적 노력만으로 강력한 단체를 구성하고 강건한 개체성 내지는 연대성을 발전시키는 수단이 될 것이다.

사회적 존재가 특히 동물에 비유되는 이유가 이 때문이다.

인간은 사회적 기구에 있어서, 동물에 있어서의 세포와 유사한 그런 역할을 한다. 즉, 초보적 기업에 있어서의 단일 세포는 대기업에 있어서 사회적 기구의 천분의 일 혹은 백만분의 일에 해당하는 한 부분인 것이다.

유기체의 발전은 기본 단위들(사람 또는 세포들)의 집단형성에 의해 이루어지고, 부분 요소들의 수가 증대함에 따라서 여러 가지 기구들이 나타나고 세분화되며 향상되는 것이다.

동물에서와 마찬가지로 사회적 존재에 있어서 소수의 필수적인 직능들이 무한히 다양한 업무들을 수행하게 된다. 두 가지 종류의 유기체의 기능들 간에 여러 가지의 비교와 대조를 해볼 수가 있다.

특히 신경계는 경영관리적 부서와 커다란 유사성들을 지닌다.

현존하면서 활동 중인 모든 감각기관에 있어서, 신경계는 일반적으로 특수한 신체의 일부를 가지고 있지 않으며 피상적인 관찰을 하는 사람에게는 전혀 보이지 않는다.

신경계는 모든 지점에서 우선 하위중추, 반사중추에 전달되는 감각들을 취합하고 나아가서 그것으로부터 필요에 따라 머리에 또는 관리통제부에 감각들(정보들)을 취합하게 된다.

곧 이어서 이러한 중추들 또는 두뇌로부터 반대의 통로를 따라 행동을 집행해야 하는 팔다리 또는 부서에 도달하는 명령이 전해져 간다. 동물에서와 같이 사회적 기구는 최상부의 즉각적인 개입 없이도 반사작용 또는 임파선의 작용을 가지게 된다. 신경계 또는 경영관리적인 작용 없이 유기체는 하나의 무기력한 덩어리가 되어버리고 급격하게 쇠퇴하고 만다.

(2) 사회적 기구의 기관 또는 구성체(membres)

이러한 기관들은 여섯 가지 필수적인 직능들에 해당하는 것이다.

초보단계의 기업에 있어서는 기구들이라는 것이 단 한 사람의 구성원으로 대표될 수 있는 것이고, 국영기업에 있어서는 극도로 복잡하면서도 다시 세분화된 수없이 많은 하위기관들의 창설을 요하게 만든다.

사회적 조직기구의 여러 가지 기관들을 연구하기 위해서, 나는 우선 약 1만 명 정도를 고용하는 탄광과 제련업을 동시에 관여하는 주식회사 형태의 대규모 제조업체를 그 본보기로 들고자 한다.

〈표-9〉는 이 기업체의 인적 구성도를 나타내는 것이다.

〈표-9〉 규모가 큰 제조기업의 조직

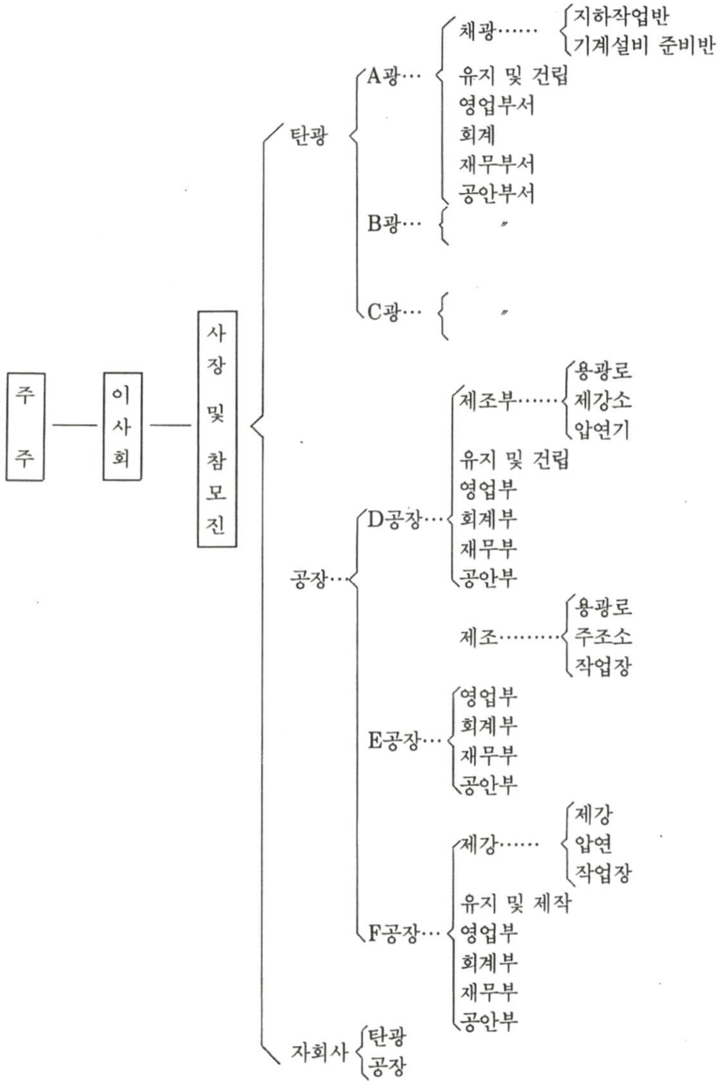

왼쪽에서 오른쪽으로 가다보면 맨 왼쪽에 우선 주주집단을 보게 되고, 이어서 이사회, 그 다음에 최고경영층을 살펴볼 수 있게 된다. 여기까지 권력(권한)이 집중되어져 버린다. 여기서부터 권한은 분산되고 다시 지방관리통제부, 지역관리통제부 및 여러 부서장들을 지나면서 기업의 말단직까지 퍼져나간다.

주식회사의 조직기구에 있어서는 주요 기관들을 다음과 같이 구분해 볼 수 있으며 각각을 상세하게 살펴보겠다.

① 주주집단
② 이사회
③ 최고경영층 및 참모진
④ 지방 및 지역 관리 통제부
⑤ 수석기사
⑥ 부서장
⑦ 직공장
⑧ 조반장
⑨ 근로자

① 주주집단

주주의 역할은 매우 축소되어 있다. 그들의 역할은 주로 이사회의 이사들과 회계감사역들의 임명과 이사회의 제안에 대한 심의의결 등 두 가지로 이루어져 있다. 그들은 최소한 1년에 한 번씩 모이며, 주주들의 가장 중요하면서도 가장 어려운 결정사항은 이사들의 임명이다.

② 이사회

이사회는 아주 광범위한 규정상의 권한을 소유한다. 이러한 권한들은 집단적인 것이다.

이사회는 일반적으로 이사회에서 임명하는 최고경영층에 대하여 하나의 매우 큰 발언권을 대표하게 되는 것이다.

이사회는 최고경영층의 제안들을 심의 · 평가할 수 있어야 하고, 전반적인 통제를 집행할 수 있어야 한다. 〈표-5〉는 이사회에 요하게 되는 여러 가지 역량들을 나타내 주고 있다.

③ 최고경영층

최고경영층은 *기업이 보유하고 있는 자원으로부터 가능한 한 최상의 이익을 얻어내려고 탐색하면서 기업을 그의 목표대로 이끌어가도록* 해야 할 책임이 지워져 있다. 이것이 바로 집행권한인 것이다.

최고경영층은 실행방안을 마련하고, 필요한 사람을 모집 · 채용하며, 행동에 대한 명령을 내리고, 업무의 집행이 순조롭게 이루어지도록 조처하고 통제한다.

최고경영층은 어떤 때는 단 한 사람으로, 또 어떤 때에는 여러 사람의 사장단으로 구성되기도 한다.

1인의 최고경영자는 지사장(支社長)들과 또는 중간계층들(영업소장들, 또는 총무부장, 기술부장, 영업부장 등)과 직접적인 관계를 맺고 있을 수 있다.

*다수*의 최고경영자들로 구성된 경우에는 여러 가지 방법으로 최고경영층의 권한(특권)을 서로 나눠 갖는다.

최고경영자의 *단일성*은 *복수성*에 비하여 *관점의 일원화, 행동의 일원화, 명령의 일원화*를 용이하게 해주는 장점을 가지고 있다. 단일성은 독단적 우위를 점하려는 경향이 있다. 그러나 이런 류의 문제에 관한 한, 여러 사람의 개인적인 자질이 시스템에 대하여 엄청난 중요성을 지니게 된다는 사실이다.

모든 경우에 있어서, 최고경영층은 참모진으로부터 도움을 받게 된다.

참모진 — 참모진이란 최고경영자가 갖추지 못한 힘, 능력, 시간을 보유하고 있는 사람들의 집단인데, 이는 최고책임자에 대한 조력 및 강화수단이며 그의 인성을 확대시키려는 방안의 하나인 것이다. 참모진은 계층화되지 않고 최고경영자로부터만 명령을 하달 받는다.

이러한 구성원들로 이루어지는 집단을 군대에서는 *참모*(Etat-Major)라 부른다. 더 나아보이는 다른 명칭이 없는 관계로 이 이름을 그대로 쓰기로 하였다.

이 기구는 최고책임자가 그의 개인적인 사명을 수행함에 있어서 도와주도록 되어 있다. 만약 최고책임자가 그 자신에게 주어진 모든 의무를 수행할 수 있다면, 그는 참모가 필요 없을 것이다. 그러나 그의 힘이나 지식이 충분치 못하다면, 또는 그에게 시간이 부족하다면 도움을 요청할 수밖에 없을 것이고, 도와주기 위해서 오는 사람들이 곧 그의 참모진을 구성하게 되는 것이다.

그런데 한꺼번에 다음과 같은 일을 만족하게 수행할 수 있는 위대한 지도자들은 아주 극소수이다. 첫째, 우편통신, 접견, 회의 및 기타 여러 가지 절차들에 대한 일상적 의무, 둘째, 지휘 및 통제, 셋째 미래계획의 준비와 시행 중에 있는 계획들의 조화를 요하는 모든 류의 연구, 넷째, 모든 분야에 걸쳐 끊임없이 전개되어야 할 개선을 위한 모색 등이 그런 것이다. 또한 우리는 거의 대부분의 대기업에서 아주 다양한 모습의 참모진들을 보게 되는데, 비서진, 전문가, 자문집단(전문기술자, 법률가, 재무관리가, 회계사), 자문위원회, 연구개발실, 실험실 등이 그것이다.

참모진들이 수뇌부에게 완전히 쓰임 받을 수 있도록 하기 위해서, 그리고 그에 대한 책임만을 지도록 하기 위해서는 참모진의 구성원들은 하위부서들의 집행에는 관여하지 않는다. 그러나 같은 참모가 일정기간 동안에는 참모진에게 소속해 있고 그 외의 기간에는 어떤 다른 부서에 속하는 경우에 대해서는 아무것도 장애가 될 것은 없다. 오로지 기업에만 속해있지 않아도 된다는 데에 대해서는 아무런 문제도 없는 것이다. 보기를 들어 어떤 전문분야의 고문으로 있는 사람은 참모진에게 하루에 한 시간, 또는 일주일에 아니면 한 달에 한 시간 정도로도 유익한 자문을 해줄 수 있다. 참모진의 구성과 그 직능(기능)은 매우 다양한 양태로 이루어진다. 전적으로 수뇌부의 의사에 따르고 또 최고책임자가 개입함으로써 그 방침에 대한 모든 임무가 만족스럽게 완수될 수 있는 것이다.

개선 — 참모진에게 맡겨진 의무 가운데, 가장 중요한 것의 하나는 개선을 모색하는 것이다. 우리는, 진보발전하지 못하는 기업은 멀지 않아 경쟁사들에 비하여 뒤처지게 되므로 결과적으로 모든 분야에서 끊임없이 진보발전을 추구해 나가야 한다는 사실을 잘 알고 있다.

개선에 성공하려면 *방법, 능력, 시간, 의지* 그리고 *재정적 뒷받침*이 반드시 필요하다.

방법이라는 것은 다음과 같은 내용을 포함한다.

사실을 관찰하고, 수집하며 분류하고 해석하며, 필요에 따라 경험을 체계화하여 구성하고 그리고 이러한 모든 연구결과들로부터 수뇌부의 추진력에 따라서 사업의 실제에 돌입하게 되는 규칙들을 이끌어내는 것이다.

기업운영학2)을 현재의 수준까지 끌어올린 거의 대부분의 개선들은 현실에 있어서 다름 아닌 데카르트 방식과 똑같은 방법에서 비롯된 것이다.

물론, 방법이 유용하게 쓰일 수 있기 위해서는 방법에 대한 개념적 정의를 아는 것만으로는 충분치 못하다.

그 외에, 경험이 조장·발달시켜주는 자연스러운 적성을 요구한다.

여기서의 *능력*이라 함은 연구탐색을 전개해 나감에 있어서의 수단에 대한 상당히 깊은 지식을 의미하는 것이다. 그런데 가장 잘 교육 훈련된 최고책임자도 일개 대기업의 경영방침이 야기시

2) 역주 : H. Fayol 시대만 하더라도 경영학이라는 것이 체계화되지 못했기 때문에, 기업 또는 사업운영학(science des affaires)이란 표현을 쓴 것으로 짐작된다.

키는 여러 다양한 모든 문제에 대해서 실제로 능력을 다 발휘할 수 있는 것은 아니다.

지체 없이 당장 해결해야 하는 일상적인 일과 커다란 문제들에 열중하다 보면, 수뇌부들은 일반적으로 개선안의 모색에 바치는 데 필요한 *시간*을 갖지 못한다.

우리는 기업경영관리자들이 진보 발전된 수준의 기업을 유지하려는 *의지*를 가지고 있음과 함께 기업이 *필요한 모든 재정적 자원*들을 그들 마음대로 다루려고 한다는 사실을 이해할 수 있다.

한 대기업의 물적 또는 사회적인 다원적 기구들 가운데 그 어느 것에 있어서나 하나의 개선안을 모색하기 위하여 활동이 조화를 이루어야 할 요소들의 총체란 이런 것이다.

이러한 활동은 기업의 모든 수준과 모든 부분에서 끊임없이 추구되어져야 한다.

그러므로 수뇌부(최고경영자, 부서장, 직공장)는 개선에 대한 적극적이고도 집요한 의지를 가져야 한다. 또한 최고책임자는 개선에 대한 유용한 탐색을 추구해 나가기 위해서는 필요한 신임을 받고 있어야 한다.

그러나 이러한 탐색이 요구하는 *시간이나 능력마저도* 소유할 수가 없다면, 최고책임자는 참모진에게 조력을 요청해야 한다.

예를 들어, 탄광 및 제련업분야의 한 대기업에서 보면 참모진은 최고경영진 주위에 전문가들로 이루어지는 고문들(제련전문가, 광산전문가, 토목전문가, 건축가, 전기전문가, 지질전문가, 화학자, 법률가, 회계사 등등)로 구성되게 되고, 어떤 일부 전문가들은 완전히 기업에 소속해 있으며, 다른 일단의 전문가들은 시간의 일부만 할애한다. 지역관리통제부 주위에는 기술담당 보좌역, 전문직 종사자, 연구개발실, 실험실 등이 있게 된다.

전문 기술적인 간행물을 통해서 세세히 서술되는 이루 말할 수 없는 대부분의 개선안들이 집행부서와 참모진간의 긴밀하고도 계속적인 협조에 의해서 이루어지고 있는 것이다.

④ 지방 및 지역관리 통제부

하나의 *전반 경영관리층*(최고 경영관리자)을 갖는 여러 계열 기업집단은 대단위 산업체로 계속 성장해 나간다. 우리가 일반적으로 들어서 알고 있는 바처럼, *산업단위체*라면 그것은 곧 경영관리지도자가 있는 농장, 탄광, 공장, 작업장인 것이다. 소단위는 물론 중간단위들도 있으며 큰 단위 그리고 대단히 큰 단위들도 있다.

소단위나 중간단위에 있어서는 최고경영자는 일반적으로 모든 부서의 장들과 관계를 맺고 있으며, 대단위 공장에서는 흔히 주무기술자 한 사람이 최고경영자와 기술부서의 장들 사이에서 중간매개 역할을 담당하게 된다.

지방통제부의 장(長)의 권한은 업무의 성격과, 아울러 전반 경영관리층과 지방조직의 경영관리층간에 이루어진 직권(직무상 권한)의 배분에 따라 달라진다. 가끔 이러한 권한들은 자율성이 줄어들기도 하고, 상당히 제약적인 경우도 있다.

필요한 자질과 지식들은 이러한 권한들로부터 자연스럽게 흘러나오게 된다. 우리는 이미 〈표-1〉과 〈표-5〉에서 대규모 산업체의 최고경영자는 무엇보다 먼저 경영관리자(administrateur)가 되어야 하고, 최고경영자는 상당히 높은 수준의 기술적 능력을 소유해야 하며, 그리고 그는 그 외의 네 가지의 서로 다른 필수적인 직능들의 진행을 확실히 할 수 있어야 한다.

거의 대부분의 지역관리통제부에서 경영관리보좌역, 기술보좌역, 자문집단, 연구개발실, 실험실의 형태로 나타날 수 있는 하나의 참모진을 보게 된다.

테일러 시스템

나는 몇 년 전부터 상당한 쟁점으로 되어왔던 *테일러 시스템*이라고 하는 조직체계에 대하여 조금 더 명확한 개념을 얻어 보려는 노력을 해왔지만 그것은 쉬운 일이 아니었다. 어떤 사람들은, 그것은 시간과 동작에 대한 주의 깊고도 정치(精致)한 연구에 바탕을 둔 종업원들의 작업에 대한 통제라고 이야기한다. 또 다른 사람들은 그것을 고속도강(高速度綱)에 관한 것이니, 회계와 보상관리에 관한 방법이니 하는 등등으로 얘기한다. 아마도 이 모든 것을 조금씩 다 포함하는 것으로 볼 수 있다. 그러나 내가 보기에는, 특별히 테일러 자신이 명명한 바와 같이 "*과학적* 또는 *경영관리적 조직화*"를 뜻하는 것이고, 그의 최근 저서들 가운데 한 책3)에서 다음과 같이 장황하게 서술하고 있는 내용을 얘기하는 것이다.

3) La Direction des ateliers(Dunod et Pinat, édit eurs, Paris, 1913)-제철 학회지에서 발췌. 역자주 : F. W. Taylor의 그 유명한 저서 『공장관리론(Shop management)』을 가리킨다.

테일러는 조직화하기에 가장 어려운 산업체 가운데 하나는 여러 가지 종류의 기계를 제작하는 대규모 기계제작 공장의 그것이라고 한다(p. 52).

그것은 왜냐하면 저자가 그것을 묘사하기 위해서 그것을 선정했기 때문이다.

실제에 있어서, 이러한 범주의 모든 작업장들은 군대식 위계원칙이라 부르는 것에 바탕하여 조직화되었다. 장군의 명령들은 연대장(대령), 대대장(소령), 중대장(대위), 부관(중위), 하사관들을 거쳐 부하들에게 전달된다. 같은 방식으로, 산업체에 있어서의 명령들은 최고경영자로부터 각 부서의 장들(super-intendants)에게, 직공장들에게, 부서의 차장들에게 그리고 각 조장들을 거쳐 현장근로자들에게 전해져 간다. 이런 류의 공장에 있어서 직공장들, 조장 등의 과제는 정말 다양하고, 그리고 몇 년간의 특별한 교육훈련을 받으면서 거의 공통성이 없는 자질을 소유한 사람들에 의해서만 만족스럽게 수행될 수밖에 없으며, 다양한 재능을 겸비한 상당량의 특수한 지식들을 요한다. 그것은, 초기 몇 년 동안에, 대규모 단위로 이루어지는 새로운 유형의 일관된 기계조립공장에서의 퍽이나 보기 드문 성공이라고 얘기되어온 모든 이유보다도, 직공장들이나 직반장들의 능력 있는 사람들의 채용에서 부딪치는 어려움(그리고 거의 불가능성) 때문이다.

. . . .

. . . .

저자의 경험에 따르면, 거의 모든 작업장들은 작업을 경제적으로 해내기에는 불충분한 경영관리자들을 가지고 있다. 군대식 조직의 유형에 있어서, 직공장은 자기의 작업장이 잘 운용될 수 있도록 하는 책임을 지고 있다.

. . . .

. . . .

그는 훌륭한 기계기사가 되지 않으면 안 된다(p. 57)…

그는 설계도들을 쉽게 읽어낼 수 있어야 하고, 그리고 설계도들에 따라 완성된 부품이 어떻게 실현된 것인가에 대한 충분한 상상력도 발휘할 수 있어야 한다…

그는 작업(공정)을 준비해야 하고 또한 작업자들이 적절한 설비와 공구들을 다 갖추고, 기계에서 부품을 정확히 조립하며 원하는 속도와 진전에 따라 금속을 자르고 깎을 수 있게끔 그러한 설비와 공구들을 사용할 수 있도록 여건을 만들어주어야 한다.

그는 각 작업자들이 자기의 기계를 청결하고 양호한 상태로 유지하고 있는지도 살펴보아야 한다.

그는 각 작업자가 요구하고 있는 질적 수준의 작업을 제대로 수행하고 있는지를 살펴보아야 한다 ……………………

그는 그의 명령 하에 움직이는 작업자들이 계속적이면서도 신속한 방법으로 일할 수 있도록 해주어야 한다 ………………

그는 작업의 전체적인 맥락을 끊임없이 예측할 수 있어야 하고, 부품들이 주문한 바대로 해당 기계에 전해지고 있는지, 그리고 각 기계는 그 기계에 맞는 일들을 받고 있는지를 살펴보아야 한다.

그는 적어도 시간의 사용을 총체적인 방법으로 감독하여야 하고 부품 당 작업에 대한 원가(가격)를 결정해야 한다.

그는 작업자들이 그의 명령에 복종할 수 있게끔 질서유지도 해나가야 하고 그들의 봉급도 조정해 주어야 한다.

보통의 작업반 반장에게 주어지는 임무들이 위에서 열거한바 있는 아홉 가지 책임들 거의 대부분을 수행하는 데 적합해야 함을 요구하고 있음은 말할 나위가 없다. 그런데 만약 그런 비슷한 사람을 찾을 수 있다고 했을 때, 그를 반장으로 앉힐 것이 아니라, 한 부서의 장이나 직공장으로 삼아야 할 것이다. 그렇지만 너댓 가지의 임무들을 한꺼번에 만족스럽게 수행할 수 있는 유능한 사람들을 수없이 많이 찾을 수 있다는 사실을 감안한다면, 여러 가지 직능들이 이러한 능력을 가진 사람들에게 맡겨질 수 있도록 관리통제부의 일은 세부적으로 분담되어져야 함은 명백하다.

경영관리기술의 주된 부분들이 이론의 여지도 없이 이와 같은 방식으로 작업을 조직화해 나가는 것으로 되어 있다. 저자에 따르면, *군대식 조직편제를 포기함으로써*, 그리고 다음과 같은 두 가지 혁신적인 변화를 관리통제과정에 도입함으로써 보다 나은 상태에 이를 수 있을 것이다.

a) 가능한 한 작업자들은 물론 반장과 직공장들도 문서류의 작업과 같은 조직화의 작업으로부터 완전히 해방되어져야 한다

……………………………………………………

b) 모든 통제관리에 있어서, 군대식 조직편제 대신으로 경영관리식 형태라 이름 붙일 수 있는 것으로 대치될 수 있다.

경영관리란 통제관리업무를, 부사장으로부터 계층의 모든 단계로 내려오면서 모든 개인(구성원)이 가능한 한 최소의 권한을 가질 수 있게끔 할당 배분하는 것으로 되어 있다. *평범한* 또는 *군대식* 시스템에 있어서, 작업자들은 그룹으로 나누어지고, 같은 그룹의 작업자들은 직공장이나 반장같은 한 사람으로부터 명령을 받도록 되어 있다. 이런 류의 사람은 관리통제의 여러 부서들이 작업자들과 관계를 맺을 수 있도록 해주는 유익한 매개체적 존재인 것이다. 경영관리의 가장 뚜렷한(두드러진) 외형적 특징은, 오히려 각 작업자가 자기의 반장을 통해서 통제관리부와 직접적인 접촉을 하기 보다는, 각자가 하나의 특수한 직능을 수행해 나가고 있는 각기 다른 여덟 사람으로부터 직접적으로 매일매일의 명령과 조력을 받는다는 바로 이 사실에 있는 것이다(p. 59)

…………………………………………………………………

. . . .

. . . .

경영관리에 있어서(p. 62), 비로소 우리는 군대식 조직 편제에서 단 한 사람의 반장에 의해 이루어졌던 일이 여덟 사람에게 세부적으로 할당됨을 알게 된다.

작업명령담당자, 작업지시서 작성자, 시간 및 인건비, 회계담당자들은 통제를 하고 작업분담실로부터 지시를 내려준다.

작업조장, 작업진행상태 점검자, 감독 및 유지보전 책임자들은 작업자들에게 그러한 지시들이 어떻게 집행되어져야 하는가를 보여줘야 하며, 그러한 작업이 적절한 속도에 따라 이루어지고 있는가를 살펴보아야 한다.

결국 규율책임자는 회사 전반에 걸쳐 그의 직능을 수행하는 것이다.

. . . .
. . . .

경영관리(p. 64)는 잘 조직화된 많은 작업장에서는 이미 어느 정도 적용되어져 왔다. 상당수의 최고경영관리자들이 반장이라는 매개적 존재를 통해서 낡은 방식대로 지내기보다는, 특별한 권한을 부여하고 특별히 교육훈련을 받은 두세 사람을 작업자들과 관계를 맺도록 해두는 것이 실질적인 이점들이 많다는 사실을 높이 평가하였던 것이다 ....

. . . .
. . . .

한 대규모 기계제작회사의 작업장에 대한 통제관리를 위하여 테일러에 의해 권장된 조직체계는 이와 같은 것이다.

그와 같은 시스템은 다음과 같은 두 가지의 사고에 바탕을 두고 있다. :

Ⅰ. 직공장 및 조반장들에 대한 참모진 강화의 필요성.

Ⅱ. 명령일원화 원칙에 대한 부정.

첫 번째의 사고는 훌륭한 것이라 여겨지지만, 두 번째는 잘못되고 위험한 생각이라고 여겨진다. 이것에 대한 설명을 부연해 보면 다음과 같다.

Ⅰ. 직공장 및 조반장들에 대한 참모진 강화의 필요성 – 테일러는 누구보다도 훌륭하게, 큰 규모의 기계제작 작업장의 경영관리자들에게 주어지는 책임부담의 복잡성과 그 비중에 대하여 명백하게 밝혀 주었다.

이러한 경영관리자들은 도움을 받았을 경우에만 그들의 사명을 합당하게 수행할 수 있는 것이다.

목표를 달성하기 위해서, 테일러는 위에서 기술한 바와 같이 그 절차를 고안해 냈으며 실제적용도 하였다. 최고경영자에게 있어서 보좌역을 맡은 사람들은 전문분야에서 뛰어난 능력을 최고경영자가 갖지 않아도 되게끔 해주며, 또 그런 분야에 많은 시간을 할애하면서 여러모로 관여하지 않아도 되게끔 해주는, 다양한 분야의 전문가들인 것이다. 이것이 바로 참모진의 역할이다.

이러한 메커니즘(rouage)은 단지 기계제작 작업장들에서만 필요한 것이 아니다. 우리는 규모가 큰 탄광회사, 제철회사, 또는 다른 유형의 회사에 있어서, 기계 설비 수리작업장에서도 그 필요성을 확실히 느끼게 된다. 반드시 모든 유형의 작업장에서 그것이 필요함을 지적하는 것이다. 우리는 지금까지 여러 가지 방법으로, 때로는 충분할 정도로 그 근거를 제시해 준 바 있다.

나는 테일러가 이러한 메커니즘의 중요성에 대하여 그리고 그 메커니즘을 구성하는 방식에 대하여 주의를 환기시키는데 커다란 기여를 했다고 평가한다.

II. 명령일원화 원칙에 대한 부정 — 테일러에 따르면 약간은 경멸조로 "작업자들이 직공장 또는 반장과 같은 한 사람의 상사로부터 그들의 명령을 부여받는" *군대식 조직*이라는 이름으로 지칭하는 평범한 유형의 조직은 포기해야만 한다고 하였다.

그런데 그가 첨언해서 말하기를(p. 64), 그러한 신념은, 어떠한 작업자도 두 사람의 다른 상사들로부터 명령을 받으면서 일할 수 없다는 군대식 조직에 기초하고 있다는 사실에 철저히 근거하고 있다고 했다. 지금까지 그가 조직화하는데 도움을 주었던 공장 외에는, 그 원칙 자체가 타당하기 때문에 그러한 경영관리(direction administrative) 시스템을 사용했다고 이유를 밝히거나, 그러한 이유에 대한 충분한 지식을 가지고 있는 단 한 사람의 경영자도 저자 자신이 못 본 모양이다.

테일러 자신에 따르자면, 명령일원화의 원칙에 충실하려는 그런 사람들은 그의 간청에도 불구하고 단념하려 하지 않았다고 한다.

내가 보기에는 어떤 작업장도 이 원칙을 명백히 위반한 상태에서 잘 운영되어질 수 있으리라고는 생각하지 않는다.

그렇지만 테일러는 대기업들을 성공적으로 경영관리하였던 것이다.

이러한 모순을 어떻게 설명할 것인가?

나는 테일러가 실질적으로 명령일원화의 원칙과 참모진의 직능을 잘 조정할 줄 알았을 것이라고 짐작한다. 그러나 그것은 내가 그 정확성을 확인할 수 없는 하나의 추정에 불과한 것이다.

매일매일, 기업운영에 있어서 그리고 조직계층의 위에서부터 아래까지 명령일원화의 원칙과 참모진의 직능을 조화시켜야 할 일이 있는 것이다. 거기에는 약간의 숙련도를 필요로 하는데 테일러는 그런 것에 풍부하게 대비했었을 것이다.

나는 명령일원화의 원칙이 별로 중요치 않으며 그 원칙을 준수하지 않아도 처벌받지 않고 넘어갈 수도 있다는 생각이 널리 퍼지도록 내버려두는 것은 위험하다고 생각한다. 그러므로 새로운 학설이나 이론에 의한 새로운 지식이 생길 때까지 명령일원화의 원칙이 명예처럼 여겨지는 옛날의 조직을 보존하도록 해야 한다. 하기는 테일러에 의해 추천·권장된 바 있는 직공장과 조·반장들의 강화방안과 함께 아주 잘 조화를 이루고 있기는 하다.

나는 테일러의 *과학적* 또는 *경영관리적* 조직화에 대하여 유보적 태도를 취하기는 하지만 고속도강(高速度綱)의 발명자요, 작업자의 작업을 수행하는 작업조건에 대한 세심하고도 정확한 절차의 창안자요, 여러 가지 사실을 발견하여 현실에 적용하는 데 끊임없이 노력하면서 조금도 지겨워할 줄 몰랐던 정력적이면서도 솜씨가 뛰어났던 실업가, 그리고 그의 시도와 그의 경험들을 일반대중들로 하여금 유용하게 활용할 수 있게 했던 지칠 줄 모르는 저술가를 칭송하는 데 인색해 하지는 않는다.

우리는 그 점에 관하여 이 위대한 미국 엔지니어의 본보기를 수많은 우리 프랑스 동료들이 따라주기를 바래야 할 것이다.

⑤~⑨수석 엔지니어 집단, 부서장, 과장, 직공장, 조·반장, 근로자들

〈표-7〉과 〈표-8〉은 두 가지 유형의 산업체(석탄 광업체와 제철공장)에 있어서 관리통제부에 따르고 있는 동일계열의 조직기구들(organes)을 보여주고 있다.

이러한 동일계열의 조직기구들은, 성격이 어떠하든 간에 모든 대규모 기업에서 여러 가지 다른 이름으로 찾아볼 수 있다.

우리는 이미 우선적으로 주조(主調)를 이루는 *경영관리적* 직능이 차츰 하위계층의 구성원들의 주요 업무인 전문적 직능 — 기술적, 영업적, 또는 그 밖의 직능들 — 에로 그 자리를 양보하고 있음을 알고 있다.

탄광업과 제철업분야의 대기업에 있어서의 주요 조직기구들이 그렇게 되어가고 있다. 우리는 모든 대규모 산업체에서 거의 똑같은 현상을 발견하게 되고, 그리고 상업, 금융업, 군대조직, 정치조직, 종교조직, 기타의 거의 모든 성격의 기업조직(entreprises)들에서도 약간의 수정변화가 있기는 하여도 그러한 현상을 발견할 수 있다.

(3) 구성원 또는 사회적 조직기구의 구성요소들

나는 계속해서 대규모 산업체를 예로 들기로 하겠다.

이러한 유형의 기업에 대해서는 다음과 같은 순서로 구성원들을 필요로 하게 된다.

즉, 근로자, 조반장, 직공장, 과장(또는 국장), 부서장, 수석 엔지니어, 이사, 최고경영자들이 그렇다.

사용하는 자재들의 품질이 한 구조물의 형태와 견고성에 영향을 미치는 것과 마찬가지로 고용하는 구성원들의 자질은 사회조직의 형태와 가치에 영향을 미친다. 여러 기관들과 사회적 기구 자체의 형태와 진가는 보유하고 있는 구성원들의 자질에 따라 달라지게 되므로 채용시에는 가능하다면 언제나 가장 훌륭한 구성원을 찾도록 해야 한다.

우선 최고경영자들에게 필요한 자질들을 추려내 보도록 하자.

통제관리와 집행이 모든 업무들이 동일한 사람에 의해 수행되는 초보적 기업에서는 서로 혼동되고 있다.

소규모 기업에 있어서, 경영자는 그가 완전한 책임을 지니고 있는 통제관리에 대하여 임무를 맡게 되지만, 엄청나게 많은 업무에 대한 집행으로부터 짐을 벗게 된다.

기업이 커감에 따라, 통제관리에 대한 경영자의 역할이 보다 중요해지고, 보다 더 어려워지는 동안에 업무의 집행에 있어서 경영자의 분담 몫은 감소된다. 이러한 역할은 예하 부서들의 뛰어난 조직화에도 불구하고 단 한 사람의 능력(한계)을 넘어서게 될 것이다. 그래서 경영자의 개인적인 과업을 가볍게 해주는 특별한 사명을 띤 구성원들이 경영자 주변에 나타나게 됨을 보게 된다.

관리보좌역들, 기술보좌역들, 여러 가지 문제에 대한 전문가적 고문들, 연락 및 통제 책임자들, 자문위원회들이 그렇다.

기업경영자들에 필요한 자질들을 규정하기 위해서는, 기업의 통제관리(direction)에 있어서 참모진이 수행할 수 있도록 요청될 수 있는 역할에 적합되어지도록 하는 것이 필수불가결한 것이다.

이상적인 경영자란 관리적, 기술적, 영업적, 재무적 그리고 그 외에 그에게 맡겨진 문제들을 해결하는 데 필요한 모든 지식들을 소유하면서, 또한 통제관리해 나감에 있어서 부과되는 인간관계, 명령 및 통제에 대한 모든 책무들에 대처하는데 충분한, 육체적이고 지적인 역량과 일에 대한 처리능력을 두루 갖추고 있는 그런 사람일 것이다. 이러한 경영자가 소규모 사업에 있어서는 예외적으로 발견될 수 있다. 그런 류의 경영자는 기업에서는 존재하지 않으며, 아주 큰 기업에서는 더더욱 그러하다. 대기업이 기능하면서 야기 시키는 모든 문제들을 포용할 수 있는 지식을 가진 사람은 없다. 대규모 경영관리에 대한 다각적인 책무들에 의해 강요되는 역량과 시간을 보유하고 있는 사람은 전혀 없는 것이다.

그러므로 그러한 역량은 참모진에게 맡겨지게 되는 것이다. 참모진에게는 경영자가 자기 마음대로 끌어내어 쓸 수 있는 육체적 역량, 지적 역량, 능력, 시간 …… 이와 같은 것들이 비축되어 있는 셈이다.

참모진의 직무들은 다음의 네 가지 범주로 나누어 볼 수 있다 ;

첫째, 경영자의 일상적인 일, 문서류, 접견, 연구 및 서류들의 준비 등, 그에게 부여된 여러 가지 협조사항들

둘째, 연락 및 통제

셋째, 미래에 대한 연구 및 작성해야 하거나 조화시켜야 할 방안의 수립안

넷째, 개선안들의 모색

이러한 모든 것들은 경영관리의 영역에 귀속되는 것이다. 기업의 관심은 이러한 것들이 이루어지도록 하는 데 있으며 경영자는 이러한 것들을 혼자의 힘으로든지 아니면 참모진의 도움으로 실현시켜야 한다.

참모진의 일들 중에 1항과 2항의 것들은 일반적으로 만족할 만한 방법으로 수행되지만, 성공의 주요한 두 가지 요소들인 미래에 대한 준비와 개선안들의 모색과정은 통탄스럽게도 자주 경시 당한다. 경영자의 부추김을 받아 주된 직능이 미래를 준비하고 가능한 개선안들을 모색하도록 되어 있는 참모진을, 사고하고 연구하며 관찰하는 기구로 간주하는 데에 익숙지 못한 것 같다. 참모진이 그의 역할 가운데 이러한 부분을 잘 이행할 수 있도록 하기 위해서는, 부서들의 운영에 대한 모든 책임으로부터 벗어나야 한다.

사회적 유기체의 어느 부분도 참모진만큼이나 기업경영자의 이름으로 보다 많은 주의, 보다 많은 판단, 보다 많은 경험, 보다 많은 권한, 그리고 보다 많은 조처를 요구하지 않는다. 그것은 참모진이 기업의 이해관계 내에서 시행해야 할 업무이며, 약간은 인사업무와 같은 양상을 보여주는 일인 것이다. 왜냐하면 경영

관리자 스스로가 지니는 빈틈들을 메워주도록 되어 있기 때문이다.

참모진은 악습에 젖어들기 쉬우며, 그래서 호되게 주의를 받기도 한다. 그것은 아마도 참모진이 할 수 있는 모든 업무들을 그들에게 요구하지 않기 때문일 것이다.

3) 대기업의 최고경영자들

기업경영자들에게 필요한 자질들을 탐색함에 있어서, 우리는 반드시 부서장들에게 이양된 권한과 책임 그리고 경영자가 그의 참모진에게서 발견할 수 있는 협조사항을 동시에 감안하여야 한다.

더군다나 우리는 훌륭한 통치관리(gouvernement)의 주된 특징들은 거의 예외 없이 *경영관리적* 질서라는 사실을 지적한 바 있다. 사실, 이제 기획, 조직화, 명령, 조정 및 통제가 기업 전반에 걸쳐 효율적으로 이루어질 경우, 모든 직능들은 적절하게 수행될 것이고 기업의 운영도 만족할 만해질 것이라는 사실을 인정하지 않을 수 없다.

우리는 이러한 사실로부터 *한 대기업의 최고경영자가 충족시켜야 할 첫 번째 조건은 훌륭한 경영관리인*(administrateur)*이 되는 것*이라는 결론을 내릴 수 있다.

그러나 그가 경영관리적 능력이 있으므로 기술적, 영업적, 재무적, 기타의 중요한 문제들에 대한 의사결정 능력을 갖지 않아도 된다는 의미는 아니다. 모든 일에 있어서 능력을 발휘할 수는 없는 일이며 그럼으로 해서 수없이 많은 의사결정들은 부서장들과 그의 참모진의 견해에 근거를 두도록 해야 한다. 그러나 그의 무능이 기업과 유사한 성격을 갖는 전문직에 있어서는 전혀 받아들여질 수가 없다. 즉, 산업체에 있어서의 기술직, 상업분야에 있어서의 영업직, 국가에 있어 정치인, 군대에 있어서의 직업군인, 교회에 있어서의 성직자, 병원에 있어서의 의료진, 학교에 있어서의 교사 등이 그렇다 — 기업 경영자가 기업의 가장 중요하고도 가장 흔히 부딪치는 문제점들에 대한 원인에 대하여 인지할 수 있다는 것은 중요한 일이다.

다음으로, 한 대기업의 최고경영자에게 요구되는 *두 번째 조건은 기업과 유사한 성격을 갖는 전문적인 직능을 수행함에 있어서 탁월한 역량을 소유해야 한다는* 점이다.

기업경영자에게 여타의 필수적인 직능들에 대해서도 똑같은 정도의 능력을 가져야 한다고 요구하지는 않는다. 왜냐하면 인간의 재능과 능력에는 한계가 있기 때문이다. 기업경영자에게는 기업의 이차적인 직능들을 위해서는, 부서장들과 참모진의 견해들을 바탕으로 하면서 모든 문제들에 대하여 명쾌한 의사결정을 내릴 수 있도록 하는 데 충분한 일반적인 개념들을 가졌으면 좋겠다고 바라는 것으로 그치고자 한다.

요컨대, 기업의 최고경영자들에게 요구되는 바람직한 자질과 지식들은 다음과 같은 것들이다 :

ⓐ 건강함과 육체적 기력

ⓑ 지혜와 지적 능력

ⓒ 정신적 자질 — 심사숙고하고 단호하며 집요한 그리고 경우에 따라서는 대담성, 책임감, 의무감, 전체 공동의 이익

에 대한 배려

ⓓ 두터운 일반교양

ⓔ 경영관리적 능력

i) 기획 : 행동계획을 작성하고 작성케 할 수 있는 솜씨

ii) 조직화 : 특히 사회조직 기구를 구성할 줄 아는 능력

iii) 명령 : 부하들을 다룰 줄 아는 기술

iv) 조정 : 행동을 조화·통일시키고 모든 노력을 한 곳으로 수렴시키는 능력

v) 통제

ⓕ 필수적인 모든 직능들에 대한 전반적인 개념

ⓖ 기업 고유의 특수 전문능력

대기업의 경영자들에게 요망되는 이러한 일곱 가지 부류의 자질과 지식 가운데서, 어떤 성격의 기업이든 간에 여섯 가지는 비슷한 요소들로 구성되어지고, 일곱 번째 하나만이 기업의 성격에 따라 각기 다른 특별한 조건들을 포함하고 있다는 사실은 주목할 만하다.

공통된 요소들로는 건강함과 육체적 기력, 지혜, 정신적 자질, 일반교양, 모든 필수적 직능에 대한 개념, 그리고 강력한 경영관리적 능력 등이 있다.

비슷한 계층수준의 산업계지도자(chef industriel), 상업계지도자(chef commercial)[4], 정치지도자, 군대지도자, 종교지도자들은

4) 역주 ; H. Fayol은 기업을, 제조업을 중심으로 하는 산업계(industriel)와 서비스업을 중심으로 하는 상업계(commercial)로 나누어 서술하고 있다.

여섯 가지 부류의 자질들에서 닮은 데가 있고, 기업의 전문적인 특성적 자질에서만 다르다.

위대한 지도자가 된 사람들이 일반인들의 주의를 끄는 가장 흔한 예는, 이러한 전문가적 능력인 것이다. 그러한 특별한 대가적(大家的)인 솜씨가 그들로 하여금 다른 사람들과 견줄 수 없는 존재로 만들었고, 나아가서 그들의 전반적인 자질들이 그들로 하여금 일류가 되게끔 만든 것이다. 이러한 전문분야에서의 성공이 전반적인 자질을 가리고 있음을 알게 된다. 다시 말해서 사람들은 위대한 실업가에게서는 유능한 기술자 또는 능수능란한 협상자의 상(像)만을 보려고 하고, 정부지도자에게서는 행복한 장군 또는 화술이 능란한 웅변가적 의회의원의 상만을 보려고 하는 것이다.

그렇지만 가장 뛰어난 전문가적 능력이 대기업의 한 훌륭한 지도자를 키워낼 수는 없다. 완벽한 지도자 한 사람을 만들려면, 앞에서 열거한 바 있는 높은 수준의 자질과 지식들을 소유해야 할 것이다. 이러한 완벽성에 접근해 가는 사람들은 정말 드물다. 약점과 결함들까지도 받아들여야만 할 것이다. 그러면 어느 정도의 선에서 그래야 하는가?

건강하지 못하면 다른 모든 자질을 갖추어도 소용이 없을 수 있다. 그와 함께 지적인 면에서의 대단한 쇠약을 가져오게 만든다. 부서장과 참모진에 의해서 직능적 지식의 결여, 그리고 기업의 전문가적인 특성적 직능에 관계되는 지식의 결여까지도 상당한 정도는 메워질 수가 있다. 그 어떠한 것도 관리적 무능을 대신해 줄 수는 없을 것이다. 위대한 지도자의 정신(사기)의 결여

(저하)는 가장 심각한 결과들을 가져올 수 있다. 계층의 높이는, 그 길이가 그 힘을 상당히 증가시키는 지렛대의 힘과 같은 것이다. 자질의 있고 없음은 말단부서인 조·반장에게 있어서 보다 계급이 위인 상사에게 수백 배의 중요성을 지니는 것이다.

4) 중규모 및 소규모 기업의 경영관리

한 대기업의 경영자에게 아니 한 국가 지도자에게 있어서도 필요한 자질 및 지식들과 그리고 장인(匠人), 초보적 기업의 기업주나 상점주인에게 필요한 그것들 사이에는 정도의 차이만 있을 뿐이지 상당한 공통성이 존재한다. 그것은 대규모와 소규모의 기업경영자의 자질을 형성하는 여러 가지 정도에 따라 결합된 같은 성질의 요소들인 것이다.

아주 큰 대기업의 경영자에게는, 경영관리적 능력이 어느 무엇보다도 가장 중요한 것일 뿐만 아니라, 기타의 모든 집합된 능력들 가운데에서 어느 하나가 완전히 결여된다는 것은 중대한 결함이 될 것이나, 그런 것은 참모진이 보완해 줄 수도 있다.

초보단계 기업의 경영자에게 가장 중요한 능력은 기술적 능력이다. 다시 말해서, 그것은 기업의 특유한 전문직(profession)에 대한 능력이다. 그러나 영업적 능력과 재무적 능력들은 이러한 경영자에게는 아주 규모가 큰 대기업 경영자에게서 상대적으로 훨씬 큰 중요성을 지닌다.

〈표-4〉는 경영자의 필수적인 여러 가지 능력들이 상대적인 중요성에 있어서 그리고 기업이 커지거나 작아짐에 따라서 이루어지는 점진적인 변화들을 보여주고 있다.

이 표는 상대적 자질들만을 제시하고 있을 뿐이라는 점과 초보단계 기업의 경영자의 그러한 능력과 위대한 지도자로 불리우는 사람들의 능력 간에는 공통점이라고는 거의 없다는 사실을 잊어서는 안 된다.

부서장들 — 기업의 최고경영자들의 계열인

CE^1, CE^2, CE^3, CE^4……CE^n

아래에,

CS^1, CS^2, CS^3, CS^4……CS^n

과 같은 일련의 부서장들이 나타나고 있다.

기업의 최고경영자들은 기업 전반에 대한 책임을 가지고 있고 모든 직능의 수행을 보장해 주어야 한다. 그러나 부서장들의 책임은 한 부서에만 국한될 뿐이다.

〈표-3〉과 〈표-4〉에서는 부서장들의 자질(valeur)이 최고경영자들의 그것과 동일한 요소들로 구성되고 있음을 보여주고 있다. 그렇지만 한 기업의 최고경영자 CE^n과 같은 수준의 한 부서장 CS^n 사이에, 전자의 책임은 전체적인 것이고, 후자의 것은 부분적이라고 하는 이 차이는 항상 존재하고 있다.

하위직 사원들 — 근로자들 — 기업의 하위직 사원들에게 있어서도 마찬가지로, 그 자질은 대기업의 경영자들의 그것과 같은 요소들로 이루어진다.

그러나 이 두 부류의 사람들의 자질에 있어서 이러한 요소들의 절대적 중요성과 비중은 첫눈에 그들의 신분(identité)을 알아보는 데는 상당한 어려움을 겪어야 할 정도로 확연히 다른 것이다.

우리는 기업의 경영자와 일반 종업원들의 자질을 구성하는 여러 가지 요소들에 대하여 잠깐 살펴보려고 한다.

5) 기업경영자와 종업원들의 자질 요소

(1) 건강함과 육체적 기력

건강함은 현장근로자에서부터 최고경영자에 이르기까지 기업의 모든 구성원들에게 필요하다. 직능에 따라 다른 어느 정도의 육체적 기력도 역시 모두에게 필요한 것이다.

(2) 지혜와 지적 능력

지혜는 이해하고 자기 것으로 소화할 줄 아는 재능과 판단력 그리고 기억력으로 이루어진다.

지적 능력은 절실한 한 주제에 대하여 생각을 집중하도록 해주기도 하고, 또한 여러 가지 복잡 난해한 문제들을 대번에 처리할 수 있도록 해준다.

지혜와 지적 능력은 직능이 보다 많은 업무보다 더 복잡한 업무들을 포함하면 할수록 그만큼 더 필요해진다. 위대한 지도자는, 조・반장의 직능에서는 아주 약한 정도로, 그리고 현장근로자에게는 더더욱 별로 요구되지 않는, 보다 폭넓은 관점과 영감의 유연성을 필요로 한다.

기억력의 감퇴는 지적 능력에 아주 큰 손상을 미친다.

(3) 정신적 자질

사람들은 흔히 몇몇 지적 능력들, 예컨대 정력(기력), 단호성, 정직성, 자발성과 같은 것들을 *성격*(caractère)이라는 단어로 묘사한다. 나는 그 부정확성 때문에 이 단어의 사용은 피하고자 한다.

어느 직위에 있든 간에 기업의 모든 종업원들에게 기강(규율), 공정함(droiture), 그리고 충성심(헌신)이 요구된다.

자발성 역시도 모두에게 주어진 신의 귀중한 선물이지만 그 직위가 높아지면 높아질수록 그만큼 유용해지는 것이다. 단호성, 정도의 감각과 책임감에 관하여 말하자면, 그것들의 중요성은 상황에 따라 증대되는 것이며, 이들은 최고경영자들에게 있어서 유익한 자질들 가운데서도 선두자리에 놓일 수 있다.

(4) 두터운 일반교양

이러한 교양은 수행된 직능의 고유한 영역의 것이 아닌 개념들로 이루어진다. 교양이란, 일부는 학교에서 또 다른 일부는 삶의 과정에서 습득되어진다. 우리는 초등학교 밖에 다니질 못했으면서도 상공업계, 정계 또는 군대에서 높은 지위까지 올랐으며, 그 지식은 항상 그 위치의 수준에 도달해 있는 사람들을 보게 된다.

더 나아가서, 스스로 성장해 가는 모든 사람들이, 대학이 중등

교육 이상에서는 거의 더 이상 두지 않는 일반교양을 그들 스스로 개발해야 할 필요를 느끼고 있다는 점에 유의해야 한다.

(5) 경영관리적 지식

이러한 지식들은 기획, 조직화, 명령, 조정 그리고 통제와 관련이 있다.

현장근로자들에게는 그렇지 못하지만, 이러한 지식들은 고위층의 공무원들과 특히 대기업의 경영관리자들에게 널리 소유되고 있는 것이다.

이러한 지식들은 학교에서는 교육되어지지 않는 것으로, 경험주의(empirisme)가 최고로 지배하는 현장에서 배워야 한다. 그러므로 경영관리교육이 일반적으로 불충분하다는 사실에 놀랄 필요는 없다. 내가 보건대, 경험적인 자료(donnéss)를 체계화하고, 학설을 모든 사람이 이용할 수 있게끔 해야 할 때가 온 것 같다.

(6) 필수적인 모든 직능에 대한 전반적인 개념들

한 산업체의 현장근로자에서부터, 조・반장, 직공장 그리고 상급자들인 부장까지 거슬러 올라가다 보면, 각자가 맡아야 할 전문분야와 직종의 수가 끊임없이 증가해 간다는 사실을 인식할 수 있다. 현장근로자는 보통 하나의 직종만을 가지고, 조・반장은 네다섯 사람으로 그 감독 범위가 넓어진다. 그리고 직공장은 여덟 내지 열 사람으로, 엔지니어는 더욱 많은 수의 사람으로 확대되어간다. 사장(directeur)으로 말하자면, 기업에서 수행되는 기술적인 모든 전문분야에 대해서 뿐만 아니라, 그가 담당하도록 맡겨져 있는 영업적, 재무적, 기타 직능들에 대하서 기본지식들을 가지고 있어야 한다.

조·반장은 일반적으로 자기의 전문직종에서 일하고 있는 현장근로자보다 기능적인 능력이 모자라고, 직공장은 각 조·반장보다 능력이 떨어지며, 엔지니어는 자기 분야에 있어서의 직공장에 비하여 능력이 미치지 못한다. 사장을 두고 말할 것 같으면, 그는 각 전문분야에서 일하고 있는 각각의 부서장들보다 월등하려는 생각을 가질 수가 없을 것이다. 이처럼 조직에서의 지위가 높아감에 따라 그 지식의 양은 증대되어가는 것이다.

(7) 기업에 대한 고유의 특수 전문능력

현장근로자들의 자질에 있어서 거의 전부를 이루는 이 능력은, 최고경영자들의 자질 면에서는 사분의 일에서 십분의 일밖에 되지 못한다. 후자의 경우에 있어서, 이 능력은 분명히 경영관리적 능력 다음 자리에 오게 된다.

능력(capacité)이라는 단어는 여러 다양한 계층수준에서의 자질과 지식들을 한꺼번에 묶은 총체적인 것을 가리키지 않는다는 사실을 잊지 말아야 한다.

6) 조직기구표

〈표-7〉과 〈표-8〉의 형태와 같은 일람표들은, 조직기구의 구성과 감독 통제를 아주 용이하게 만들어 준다. 이러한 표들은,

장황하게 서술해야만이 조직기구 전체, 각 부서와 그 경계 그리고 계층적 지위를 알 수 있는 것을 바로 한눈에 파악이 가능하도록 해준다. 이 표들은 업무의 중첩 또는 영역의 침해, 명령의 중복성, 직함없는 직능들, 특정 직위의 부재 등과 같은 취약점들에 대해서 주의 깊게 살펴볼 수 있게 해 준다.

이러한 표현방식은 모든 유형의 기업에 다 들어맞는다. 소기업에서처럼 대기업에도 맞고, 갓 창설된 사업체에도 맞고 발전도상에 있거나 쇠퇴기에 접어든 사업체에도 맞는다. 창설 당시의 기업에 있어서 조직기구표는 채용이 늘어가고 부서의 구성원이 늘어감에 따라서 구성원들이 적(籍)을 두기 위하여 들어가게 되는 칸막이로 된 일종의 틀인 것이다.

이러한 일람표의 사용은 조직기구의 창설에만 국한되는 것은 아니다. 조직화 작업이 이루어지자마자 사업의 상황변화나 인적 구성의 변화로 말미암은 수정이 요구되기도 하는 것이다. 그런데 조직기구의 일부분에 있어서의 모든 변화 및 수정은 커다란 저항을 가져올 수 있고, 또한 기업운영 전반에 영향을 미칠 수 있다. 이 기구표는 그러한 저항들을 발견하도록 해주는 특별한 편이성(便易性)을 제공해 주며, 그러한 저항들에 미리 대비하게끔 해준다. 그러나 그때그때 끊임없이 시대감각에 맞추어 나가야 한다. 이런 맥락에서 볼 때 조직기구표는 경영관리에 있어 귀중한 도구인 것이다.

조직기구표상에서 인사전반, 각 부서의 구성과 그 경계, 각각의 일자리에 누가 있는가, 한 종업원이 복종하는 상사는 누구이며 그가 지시 명령하는 부하는 누구인가 하는 것을 알게 되지만,

조직기구표에다가 구성원들의 개인적 자질, 그들의 권한, 그들에게 주어진 책임에 대한 지형학적(地形學的)인 경계, 대리인의 지명과 같은 것을 나타내도록 요구해서는 안 된다. 이러한 정보자료들에 대해서는, 특별한 표들이 조직기구표에 첨부되어야 한다. 참모진의 구성도 묶음표와는 별도로 되어 있게 된다.

이 연구의 제3부[5]에서 기업경영 실제에서 얻은 조직기구표의 몇 가지 예를 보게 될 것이다.

7) 채 용

채용은 조직기구의 구성에 필요한 구성원들을 얻는 것이다. 이러한 업무는 기업에 있어서 가장 중요하고 동시에, 가장 어려운 업무 가운데 하나이다. 이 업무는 기업의 운명에 많은 영향을 미친다. 인사에 대한 옳지 못한 선발의 결과는 구성원의 계층적 지위 고하와 관련을 가지고 있는데, 일반적으로 현장근로자에게는 별로 중요하지 않지만, 높은 지위의 사람에게는 항상 중대한 것이다.

선발의 어려움은 구성원의 계층적 수준에 따라 증대한다. 한 근로자의 자질을 평가하는 데는 며칠, 어떤 때는 몇 시간으로 충분하다. 조・반장의 자질을 알아보려면 몇 주 또는 몇 달이 걸려야 한다. 한 대기업 경영자의 자질에 대하여 정확하게 알게 되기까지는 어떤 때는 몇 년이 걸리기도 한다. 그러므로 높은 지위일수록 지도자의 선택에 있어서 오류를 범하지 않는 것이 중요하다.

5) 역자주 : 3부는 H. Fayol에 의해 결국 씌어지지 못했다.

고용의 문제는 모든 유형의 기업 특히 대규모 기업들로 하여금 골몰케 만든다. 주주총회에서의 가장 중요한 업무는 바로 이 사들의 임명이다. 이사회의 주된 고심거리는 바로 하나의 전반적인 경영방침을 갖는 것이다. 조직계층의 모든 지위에 있는 구성원들의 채용은 집행부의 가장 큰 문제 가운데 하나인 것이다.

몇 년 전에 프랑스의 철강공업 위원회에서, 산업계와 일반대중이 보편적으로 기업의 상위층 인사들의 채용에 많은 신경을 쓰고 있다는 사실을 보여준 토론을 개최한 바 있다.

철강공업 위원회의 회장은 공공(토목) 사업성 장관에게 보낸 한 공개서한에서 다음과 같이 밝히고 있다.

> "지혜의 명료함과 풍족함, 판단의 올바름과 심원함으로 대기업을 운영하고, 새로운 기업을 창설케 하며, 자연자원의 부족함에도 불구하고 명료한 천재성(génie)으로 과학과 산업기술진보의 선두에 서게 하여, 프랑스로 하여금 상위수준을 유지하도록 선정되었던 사람들의 수가 몇 년 전부터 너무도 감소되었습니다. ……
>
> 우리의 젊은 엔지니어들 거의 대부분이, 그들이 관찰해서 이끌어 내놓은 연구결과나 결론들을 분명히 파악할 수 있게끔 명쾌하고 짜임새 있게 작성한 연구보고서 속에다 그들의 생각들을 표현할 수 있는 능력이 없음으로 해서, 그들이 받아들인 기술적인 지식들을 이용할 줄을 모릅니다.……"

그리고 철강공업 위원회 회장은 이러한 한심스러운 사태는 적어도 상당부분이 1902년부터 문교부의 초・중・고등교육 교원

단이 마련한 중등교육과정에서 이루어졌던 새로운 방침 탓이라고 지적하고 있다.

대규모의 사업을 잘 운영할 수 있는 사람들이 너무나 드물다는 사실 또한 너무 많은 엔지니어들이 연구보고서를 명료하게 작성치 못하는 점, 이는 의심할 여지가 없으며, 그 원인과 치유대책을 끈기 있게 찾아내야 하는 당면 문제들이 상당히 심각한 상황에 처해있다.

내가 보기에는 그러한 원인들은 중등교육과정의 프로그램에 있는 것이 아니라, *산업집중*(concentration industrielle)과 *고등기술*(technique supérieur)교육이 내포하는 바와 실행하는 방법에 있는 것 같다.

대기업의 경영관리는 항상 큰 어려움을 노정시켜 왔다. 그것은 기업의 최고경영자에게 부여된 다양하고 수많은 직책들을 조금만 살펴보아도 충분히 짐작할 수 있다. 그러한 어려움들은 문제의 속성상 필연적인 것이고 내내 존재해 왔었다. 그러나 계속 존재해 오지 않았던 것이 있다면, 그것은 바로 대기업이 차지하는 비중을 엄청나게 증대시키고 대기업 경영자들의 기근현상을 노정시키는 산업의 근대적 발달과 *산업집중*인 것이다.

여러 개의 중소기업들을 하나의 대기업으로 대체시킨다면, 산업집중은 똑같은 여러 가지 결과들을 낳게 될 것이다.

첫째, 대규모의 기구를 만들어내면서 이전에 필요로 했던 것보다 더 많은 사람들을 불러 모으게 된다.

둘째, 대기업이 고위직 관리의 사람들을 필요로 하게끔 하는 반면에, 사장들에게는 수련장으로 생각할 수 있었던 수없이 많은 사업자들(중소기업들)을 사라지게 만든다.

셋째, 중규모의 사업장에서는 여러 부서의 장들이 어쩔 수 없이 어느 정도 이웃 부서에 대한 기초지식을 얻게 된다. 아주 큰 대기업에 있어서 각 부서는 그 부서장의 지혜와 시간을 병합해서 그로 하여금 그의 직장생활을 마무리할 수 있는 상위계층에까지 도달할 수 있도록 해주는 상당히 중요한 곳이다. 그러니까 그것은 바로 경영관리자(directeurs) 양성기관에서 빼앗아온 뛰어난 사람들의 일단(一團)이 되는 셈이다.

산업집중이 대기업 경영자들의 필요성을 증대시키고, 그들의 양성을 더욱 어렵게 만든다는 사실은 의심할 여지가 없다.

내가 생각건대는 현재는 그렇게 되지 못하고 있는 고등기술교육이 산업계의 필요에 맞게끔 보다 유용한 방법으로 이루어질 수 있을 것으로 본다.

8) 기업 구성원들의 양성

기업의 구성원들에게 필요한 자질과 지식의 비율은 일자리가 높은 지위이고 복잡할수록 그만큼 까다로워지는 정도 차이의 문제인 것이다. 경우에 따라 특별한 검토를 요한다.

종업원의 선발도 어려움이 많지만 그들의 *양성*(formation)은 더더욱 어려운 것이다. 훌륭한 인재 — 기술직, 영업직, 재무직, 관리직, 기타 — 는 자연으로부터 저절로 얻어지는 산물이 아니다. 그가 있기까지에는 그를 양성했어야 했으며 이러한 양성과정은 일반적으로 가정, 학교, 작업현장 및 정부가 참여하는 길고도 벅찬 노력들인 것이다.

구성원의 양성문제는 모든 유형의 사업조직체들 — 산업분야, 상업분야, 군대조직, 정치분야, 종교조직, 사회조직 …… — 로 하여금 깊이 골몰케 만든다. 훌륭한 종업원과 훌륭한 지도자들을 얻기 위해서 백방으로 기울인 노력들은 엄청난 것이며 모든 유형들이 다 비슷할 것이다.

프랑스에 있어서 광산과 제철산업의 종업원들의 양성에 관하여 내가 얘기하고자 하는 바는, 거의 대부분 모든 유형의 산업조직체의 종업원 양성에 적용된다.

광산 및 제철산업의 종업원 양성

(1) 학교의 역할	(2) 작업현장(고용주)의 역할
(3) 가정의 역할	(4) 정부의 역할

(1) 학교의 역할 :
- ① 고등기술 교육
- ② 중등 교육
- ③ 초등 교육

① 고등기술 교육
- 수학의 남용
- 교육 연한

- 미래의 엔지니어들에게 주는 충고

② 중등 교육

- 대학과정의 교육
- 특수 교육

③ 초등 교육

(2) 작업현장(고용주)의 역할
(3) 가정의 역할
(4) 정부의 역할

(1) 학교의 역할

① 고등기술교육

프랑스의 경우를 보면, 석탄과 제철산업의 간부들과 그 사장들의 출신 성분은 매우 다양하다. 그렇지만 그들 대부분은 토목공학 분야의 고등교육기관 출신이다(국립 파리 고등광업학교, 국립 쌩떼띠엔느(Saint-Etienne) 광업학교, 중앙 기술학교 등).

이러한 학교들의 입학시험 및 교육 프로그램들은 거기에 깔려있는 중심사상이 뭔지를 짐작케 해준다.

먼저 수업의 내용이 거의 절대적으로 *기술적* 측면이라는 사실과 *경영관리*의 문제, *영업*의 문제, *재무적인* 문제는 다루어지지 않으며, 겨우 약간의 *안전*문제(기업자산의 안전보호라는 의미에서)와 아주 극소적으로 *회계*(comptabilité)문제를 다루고 있다는 사실에 주목하도록 하자. 덧붙여 일반교양은 졸업등급 사정에 거의 영향을 미치지 않으며, 신체적이고 정신적인 자질은 성적에 나타나지도 않는다는 사실이다.

마지막으로 입학시험에서 수학의 비중이 너무 크다는 사실에 주목하여야 한다.

이러한 교육과 엔지니어 및 산업체 지도자들이 갖추어야 할 자질과 지식 사이에 이러한 격차가 있는데, 그 의도하였던 결과가 달성되지 않았을 경우에 어떻게 놀라지 않을 수 있겠는가.

이처럼 우리 토목공학 분야의 학교들은, *건강함*과 *육체적 원기*가 산업체의 지도자들에게 필요한 중요한 자질들 가운데 한가지로 꼽힌다는 사실을 모르고 있는 것 같다.

영국 사람들은 보다 더 심한 경우인 것 같다. 우리나라에서 스포츠에 대한 취미 붐이 일고 있음에도 불구하고, 나는 이러한 분위기에서 우리가 오랫동안 도를 지나칠 정도로 빠져 있을 것으로 생각되지 않으며, 여론이 학교에 대해서 학생들의 건강과 육체적 원기에 대한 충분한 배려를 하게끔 강요하게 될 것이다.

자발성, 정력, 역량, 책임감, 의무감 등은 기업의 간부들에게 커다란 가치를 부여해 주는 그런 정신 자질들인 것이다. 이러한 자질들의 중요성에 대해서 미래의 지도자들에게 너무 일찍, 너무 강하게 깨우쳐 줄 방도는 없을까?

*일반교양*은 토목공학계 학교에 있어서 체육과 도덕교육보다 더 높이 평가되지 못하고, 모든 관심이 기술적인 문제에만 쏠려 있는 것 같다.

그 뿐만 아니라, 응시자들의 선발이 특히 수학에 의해서 이루어지고 준비과정의 강의가 주로 수학으로 구성되어 있으며 문학이나 역사, 철학은 거의 문제가 되지 못한다.

그런데 몇몇을 제외하고는, 산업체 지도자와 엔지니어들은 잘 말하고 잘 쓸 줄 알 필요가 있다. 그들에게는 고등수학이 필요한 게 아니고, 사람들이 *군대지도자와 마찬가지로 사업가들에게는 간단한 계산법(régle de trois)으로 항상 충분하다는* 사실을 알지 못하는 것 같다.

3, 4년 동안 필요한 일반교양을 지나치게 수학에다 희생시킨다는 것은 아주 잘못된 계산이다.

이 주제에 대해서는 다음에 다루고자 한다.

경영관리적 지식 — 한 대기업에 있어서 경영자의 관심을 가장 강하게 가장 직접적으로 이끄는 직능은 *경영관리적* 직능(실행계획, 채용, 인적 요소의 조직화와 통제관리, 조정, 통제)이다. 곧바로 다음으로는, *기술적* 직능과 *영업적* 직능이, 그 다음으로는 최소한의 인사조치로도 가능한 *재무적* 직능, *안전보호*직능 그리고 *회계*직능이 뒤따른다.

경영관리적 행동은 경영자에 있어서는 매우 중요한 것이고, 그로 하여금 열중케 만드는 것이다.

부문별 엔지니어에게는 경영관리적 능력이 기술적 능력만큼이나 중요성을 지닌다. 이 사실은 놀라울 수가 있다. 예를 들어 한 제철부문 — 용광로, 제강, 압연 등 — 의 부서장은 몇 년 전부터 더 이상 한정된 제철분야에만 관계하지 않고 있다.

부문 엔지니어들에게는, 즉 리더십, 명령, 기획 등, 한마디로 말해서 경영관리적 요소들은 끊임없이 관심사가 되는 반면에, 광산, 철도, 건축분야의 학교에서 배운 세부적인 것들은 그들에게 약간의 유용성만을 제공할 뿐이다. 부문별 엔지니어가 도달하는 지위수준에서 보면 그가 지금부터 할 업무들과 그의 승진은 아마도 기술적 능력보다는 훨씬 더 그의 경영관리적 능력에 따라 달라질 것이다.

그리고 그가 만약 최고경영층에까지 올라가야 한다면 그의 지식에다 덧붙여야 할 것은 경영관리능력만이 아니라 학교서는 아무 언급도 없었던 영업, 재무 그리고 사람들이 거의 언급해 주지 않았던 회계에 관한 개념까지도 겸비해야 한다.

큰 힘을 들이지 않고도 목표에 보다 잘 부합된 하나의 교육과정을 상상해 볼 수 있다.

아마도 엔지니어에게는 강력한 기술교육이 필요할 것이다. 그가 요청받은 기술적 업무들에 대하여 신속하게 대처할 기초지식과 전반적인 개념들을 제공받을 수 있도록 해야 한다. 그러나 산업체에서는 그에게서 그가 학교를 졸업하면서 용광로 운행, 광산의 수갱(竪坑)파는 법, 또는 기계의 제작을 할 수 있으리라는 기대는 하지 않는다. 동기생들 가운데 수석 졸업한 학생 자신도 이러한 직능들을 당장 수행할 수는 없을 것이다. 다소 장기간의 실무적 지식을 습득한 후에야 그렇게 될 수 있을 것이다.

경영관리적 관점에서 볼 때, 같은 유형의 준비과정이 역시 필요하며 영업, 재무, 보호안전 그리고 회계에 관한 충분한 개념의 준비 같은 것이 없다는 것은 산업체의 간부들 양성에 있어서 하나의 중대한 결함인 것이다.

우리나라 토목공학계 고등교육기관에서의 요즘 교육은 두 가지 환상에 근거하고 있는 것이다.

첫 번째는, 바로 엔지니어들과 산업체 경영자들의 자질은 거의 기술적 능력으로만 이루어진다는 점이다.

두 번째는, 바로 엔지니어들과 산업체 경영자들의 자질은 그들이 수학 공부에 바친 햇수와 직접적인 관련이 있다는 것이다. 이 후자는 전자보다 덜 치명적이지만 깨뜨리기는 더 어려울 것이다.

수학의 남용 — 수학이 교육에 있어서 가장 중요한 분야 가운데 하나라는 사실, 수학은 물리학과 기계공학의 진보에 대한 가장 큰 도구라는 사실, 산업에 헌신하고 있는 사람들은 다소 광범위한 수학적 지식을 가져야 한다는 사실들에 대하여 아무도 이의를 제기하려 하지 않는다. 그러나 잊어버리지 말아야 할 *척도*(mesure)가 있다.

철학, 문학, 자연사, 화학 역시도 사회적 진보의 커다란 변인들인 것이다. 과연 우리 미래의 엔지니어들에게 이러한 각자의 지식들에 대하여 교양이라는 구실로 여러 해를 버리게 할 수 있을까?

사람들은 수학을 알면 알수록 사업운영에 더욱 적격자가 되고 다른 어떤 것보다도 수학 공부가 판단력을 발달시키고 바로 잡아준다는 믿음에서 수학을 남용하고 있다. 이러한 점들이 우리나라에 심각한 폐해를 유발시키는 오류들이며, 내가 보기에는 극복되는 것이 바람직하다고 본다.

어디서부터 이러한 남용이 시작되는가?

논의를 쉽게 전개해 나가기 위해서, 나는 대학입학자격시험(baccalauréat)의 현재 프로그램에 들어가지 않는 것을 *고등수학*이라 부르기로 하겠다. 이 프로그램은 대학의 일반교양의 일부를 이루는데, 그 이상에서는 수학이 *전공*(spéciale)수학이라는 이름을 갖게 되고, 실제로 공과대학과 토목공학계 학과를 지망하는 학생들에게는 하나의 전공이 되어버린다. 젊은이들이 '전공수학'(mathématiques spéciales)이라 불리우는 반에 들어서는 순간부터는 말하자면 그들에게는 더 이상 일반 교양과목으로서의 수학이 아닌 것이다. 그들은 전공분야에 들어간 것이다.

나는 개인적으로 오랜 경험을 통하여 *기업의 통치관리*(gouvernement des affaires)에 있어서, *고등수학*의 사용은 아무 곳에도 쓸모가 없었고, 엔지니어, 광산기사 또는 제철기사도 거의 아무 때고 수학의 도움을 필요로 하지 않는다는 사실을 알게 되었다.

나는 우리 그랑제꼴[6]의 모든 학생들이 그렇게도 많고, 산업체에서는 건강이 좋은 젊은 엔지니어를 필요로 하고 있음에도 길고도 유익하지도 못한 공부에 강요당하고 있다는 사실을 유감스럽게 생각한다. 나는 사람들이 수학 프로그램을 줄이고 교육과정에 경영관리에 대한 개념을 도입하기를 바래왔다.

*1900년에 있었던 광산 및 제철학 국제회의*에서, 나는 이러한

6) 역주 : 일반대학에 버금가는 교육기관으로, 대학입학예비시험(baccalauréat)에 합격한 후 2년간의 준비과정을 거친 다음 3년간 전공분야의 공부를 한다.

생각들을 많은 사람들 앞에서 밝힐 기회를 가졌다.[7)]

나의 연설에 이어서 학회 회장이었던 아똥 들 라 구삐예르(Haton de la Goupilliére)씨는 다음과 같은 연설을 하였다 ;

> "여러분, 여러분들의 박수갈채가 파욜 씨에게 그가 얼마만큼이나 우리를 감동시켰는가를 충분히 보여주는 것 같습니다. 그렇지만, 바라건대 몇 가지 이의점들을 얘기할 수 있도록 허락해 주시리라 믿습니다. 왜냐하면 여기서 수학에 대한 몇 가지 옹호론을 제시해야겠기 때문입니다."
>
> "여러분, 나는 나의 캐리어를 순수수학으로 시작하였습니다. 이십 년 동안, 나는 광산학교 또는 소르본느에서 기계공학을 위시하여 미적분을 가르쳐왔습니다. 광산학교에 관해서는 파욜 씨 당신이 전개한 그러한 생각에 빠져들기도 했습니다. 그래서 나는 학생들이 교육의 나머지 과정을 통과하는데 필요하다고 생각되는 모든 것을 세심하게 압축시킨 *10개의 과(課)로 줄여서* 아주 한정된 미적분 강의를 했습니다. 한참 뒤에 나는 광산 및 기계관리를 맡게 되었습니다. 그래서 분석론 강의는 내가 했던 바와는 *전혀 딴판으로 강의안을 개발해 줘야겠다*고 믿었던 일류 수학자요, 절대적으로 저명한 분(제가 누구를 두고 얘기하는지 광산학교 교수들은 잘 아시겠지만)에게 맡겨졌습니다. 그 이후로, 저 다음으로 강의를 맡은 분이 제시한 *폭 넓은 강의를 존중하게 되었습니다.* 그러나 파욜 씨가 말씀하신 것이 옳으며 *젊은이들이 전념하는 분야에서 순수 수학을 줄이는 것이* 맞는 말이라고

7) 광산 및 제철학 국제회의 1900.6.23. 광산학회지 제15권, 1901

생각 합니다. 그렇지만 나는 여기서 나의 그러한 동의에 조심성을 부여하고자 합니다. 사실 엔지니어가 파욜 씨 주장대로 거의 아무것도 남지 않을 정도로 축소시킨 앞으로의 미적분 계산을 하는 상태로 둘 수만은 없으며, 무엇보다도 먼저 학생이 학교를 마칠 수 있게 해주어야 하며 가능하다면 어떤 경우라도, 교육은 수학적 정확성으로 이루어지는 것이 필요한 것입니다."

"그러나 여러분, 나는 특히 엔지니어 정신을 위해서 수학이 교육훈련과정에 있어서 아주 강력한 도구라고 생각합니다. 일단 한번 엔지니어 정신이 형성된 다음 원하신다면 수학을 멀리해도 좋습니다만, 학생들이 위대한 엔지니어나 솜씨 좋은 관리자가 될 여지가 줄어들지는 않을 것입니다. 여러분이 수학교육을 취약하게 받도록 한 그 같은 사람은 결코 그 수준에는 다다르지 못할 것입니다. 이점이 내가, 저명하시고 내가 존경하옵는 그러나 나와는 반대의사를 가지신 분의 훌륭한 연설에 대하여 가하고 싶은 정정 코멘트인 것입니다. 하기는 나는 파욜 씨에게 그가 제일 중요한 심의회, 즉 쌩떼띠엔느 광산학교의 심의회에 소속해 있기 때문에, 심의회 관점에 모든 가능한 영향력을 미칠 수 있는 위치에 있음을 상기시키고 싶습니다. 이 심의회에는 교수뿐만 아니라 많은 수의 대기업가들이 포함되어 있습니다. 산업의 중요성을 지니면서 강력한 영향력을 미칠 수 있는 파욜 씨보다 더 적절한 위치에 있는 사람을 찾기란 확실히 어려울 것입니다."

이와 같이 저명한 수학자요 대학자인 아똥 들 라 구뻬에르 씨는 학생들에게 *학교를 마치는 데* 유용 하게끔만 광산학교에서의 수학교육을 줄이는 데에 의견을 같이 했었다. 그러나 나의 견해는 정부의 고위당국자의 지지를 받을 수가 없었다.

고등수학의 공부가 미래의 엔지니어들의 판단력을 키운다는 희망만으로 인생의 여러 해 동안을 보내야 하는지 알아보아야 할 문제가 남는다.

기초적인 수학공부가 일반교양의 다른 모든 분야와 마찬가지로 판단력을 길러주는 데 기여한다는 사실, 그것을 나는 단호하게 믿고 있다. 그러나 별 필요도 없는 미래의 엔지니어들에게 부과된 고등수학에 대한 강도 있는 교양이 같은 결과를 가져오리라는 사실을 나는 전혀 믿지 않는다. 어떤 한 학문에 대한 지나친 배양(교양)은 육체적 건강과 정신적 건강에 해로운 것이다. 수학공부도 예외일 수 없는 것이다. 오랫동안 강도 높게 열심히 추구해 왔다면 균형 있는 두뇌로 남아 있기란 어려운 것이며, 실천적 동기가 없는 초월적인 수학자들을 예로 들 수 있다. 수학자가 아니면서 건전한 양식(良識)의 사람들은 수없이 많은 것이다.

오귀스뜨 꽁뜨(Auguste Conte)는 수학적 사실들이란 가장 복잡하고도 미묘한 사회적 사실과는 대조적으로, 가장 단순하면서 또한 가장 덜 복잡하고도 가장 '조잡한' 현상들이며, 가장 추상적이거나 가장 궁색스러우며 현실문제와는 가장 동떨어진 것이라고 지적하였다.

만약 판단력이 다소간 고등 수학적 지식을 얼마만큼 소유했느냐에 따라 달라진다면, 인문과학은 정말 오랫동안 모든 희망을 잃었어야 했고, 오늘날 소수의 사람들만이 그걸 해보려고 할 수 있을 것이다. 변호사, 성직자, 의사, 문학가, 상인들이 그리고 확고한 양식(良識)이 흔히 산업의 원동력을 형성해 주는 모든 조·반장들, 현대의 가정을 그렇게 훌륭하게 관리해 나가는 모든 주부들은 수학자들에게만 유보된 그 훌륭하고 귀한 판단력이 없어야 할 게 아닌가! 분명코 그 누구도 그러한 주장을 고집하려고 하지는 않을 것이다. 교육적 덕행이 고전문학에 비해 수학에만 더 담겨져 있는 것은 아니다. 그것은 특히 삶이 우리에게 부과하는 사회문제들 속에 길러주는 데 기여할 수가 있다.

그렇지만 고등수학이 우리나라에서는 대단한 위세를 누리고 있다는 사실에는 이론(異論)의 여지가 없다.

왜 그런가?

고등수학이 기업 경영자들에게 봉사를 해준다는 이유에서가 아니다. 왜냐하면, 그들은 수학을 사용하지 않기 때문에.

군대지도자들에게 많이 쓰일까? 별로 그렇게 많이 쓰이지 않는다.

마이야르[8] 장군은 다음과 같이 말한다.

> "국가간의 무장 전쟁에 진보 발전된 과학과 산업이 이용될 것이라는 구실을 대면서 사람들은 전쟁의 수행이 과학적이 될 것이고 발달된 수학적 지식을 요하게 될 것이라고 단언한다.
>
> 그 무엇도 더 이상 전쟁의 취지에 반론을 제기하지 않는

8) Maillard장군(사관학교교장) 著『전쟁의 요소(Eléments de la Guerre)』.

다. 지금까지는 간단한 계산법(régle de trois)으로 족했고 작전 중에 야기될 수 있는 계산과 관련된 문제의 해결에도 충분할 것이다."

이처럼 *단순한 계산법*으로, 기업경영자들에게와 마찬가지로, 군대지도자들에게도 충분한 것이다.

만약 지난 세기가 시작되기 15년 전에 나폴레옹이 할 수 있었던 공부들을 참조한다면 『*전쟁의 신*(Dieu de la guerre)』은 보다 복잡한 공식들을 결코 사용하지 않았다는 사실을 믿을만한 확실한 근거를 갖게 된다.

그러므로 이러한 것에서도 수학에 대한 국가적 차원의 마력적 효과에 대한 해명의 근거를 더 이상 찾을 수 없는 것 같다.

광산이나 제철업 분야 기업체의 엔지니어들로 말하자면, 그들이 중앙고등기술학교(Ecole Centrale)나 어느 광산학교 또는 기술직업학교(Ecole d'arts et métiers) 출신이지만, 그들의 업무수행에 있어서 *고등수학*을 사용하는 걸 전혀 보지 못했다. 좀더 특별하게 건축분야에 종사하는 엔지니어들만이 — 그리고 이들은 일반적으로 고등수학의 강의를 듣지 못한 기술직업학교 학생들임 — 공식 책에서나 찾을 수 있는 공식들을 아주 빈번하게 사용한다.

위대한 지도자들의 필수적 학문인 *경영관리론*은 고등수학과는 공통된 점이 전혀 없다는 사실을 지적한다는 것은 쓸데없는 일일 것이다.

우리나라에 있어서 *고등수학*의 위세에 대하여 내가 발견했던 수긍할 만한 꼭 한 가지 이유는 공과대학(Ecole polytechnique)이 우리나라에서 아주 대단하고도 정당화된 위세를 누리고 있다는 것이며, 그러한 위세는 다음과 같은 데서 유래한다.

첫째, 공공기관과 군대에 몸담고 있는 공과대학 출신들에게 정부가 보장해 주는 그들의 사회적 지위, 즉 많은 공사대기업(公私大企業)들에 있어서 상당한 영향력을 미치는 사회적 지위이다.

둘째, 공과대학 출신들의 개인적 자질이다.

영리하고 열심인 젊은이가 공과 대학생이 되기 위해, 그래서 많은 이점들을 얻어내기 위해서 피나는 노력을 한다는 것은 너무나 당연한 것이다. 가족들과 교육지도자들이 모든 영특한 아이들을 이러한 방향으로 몰아간다.

그리고 학교를 수석으로 들어가서 수석으로 졸업하는 것이 특히 수학에 의해서 판가름 나기 때문에 일반사람들은 수학이, 사람들이 갈구했던 사회적 지위로 이끌어주기 때문에, 수학이 가장 뛰어난 학문이라고 결론짓는다.

여기서 그러한 원인에 대한 결과를 들어보고자 한다 ;

공과대학을 고려함에 있어서는 으레 수학이 대단한 의미와 비중을 차지한다. 그러한 배려는 정부가 공과대학 학생들에게 보장해 주는 특전과 그들의 타고난 자질에 기인하는 것이다.

그러한 특전이 없다면, 공과대학의 위세는 곧 떨어지고 말 것이다. 그러니까, 그러한 위세를 뒷받침해 주는 것은 수학이 아닌 것이다.

만약, 그와는 반대로 그러한 특전을 그대로 유지하면서, 입학시험과 졸업시험에서 수학을 화학, 지질학 또는 체력단련과 같은 비율로 배점을 했더라도, 그리고 거기에다 말하고 쓰는 솜씨(art)가 유리한 사정(査定)의 혜택을 받게 되었더라도 공과대학은 예전처럼 역시 찾는 사람들로 붐빌 것이고, 학생의 대다수가 그들에게 부여된 직무들을 수행해 나가는 데 덜 적합해지지는 않을 것이다. 그러나 그 때문에 고등수학은 완전히 그 위세를 잃고 말 것이다.

전국 각지에서 뛰어난 학생들 가운데에서 선발한 공과대학의 학생들은 여지없이 엘리트 그룹을 형성한다. 그들이 감수했던 수학의 과도한 교육 없이는 보다 못한 엘리트가 될까? 그러한 교육이 그들에게 유익하기 보다는 해롭다는 것이 정말 확실하지 않을까?

왜, 기업 경영자들이 사용하지도 않고, 엔지니어와 군인들에게 조금밖에 쓰이지 않으며, 젊은 학생들에게 너무 지나치게 부과할 때에, 판단력에 거의 작용을 하지 못하고 오히려 나쁜 작용을 하는 고등수학이 공과대학의 입학시험과 재학 중의 성적평가에 있어서 가장 수위 자리에 남아 있는가를 자문해 보아야 한다. 나는 일반 여론이, 수학이 시험관에게 성적평가의 용이성을 제공해 주기 때문에 그러한 관행이 보편화되었다고 여기는 사실에 아연해져야만 했었다.

어쨌든 간에, 공과대학이 그들의 수학 프로그램들을 줄이고, 문학이 가장 중요한 자리를 차지하도록, 그리고 경영관리가 조금도 망각되지 않도록 해주기를 바래본다.

나는 공과대학이 전혀 그 위세를 잃지 않을 것이고, 공과대학을 본받을 수밖에 없다고 스스로 생각하는 토목공학계 학교들이 시험 응시자들과 그 학생들에게 무익한, 따라서 쓸 데 없는 시험들을 강요하는 것을 그만 두게 될 것이라고 확신 한다.

교육연한 – 나는 1900년도의 광산 및 제철학회에서 다음과 같이 말한 바 있다 ;

> "우리 미래의 엔지니어들이 너무 오랫동안 학교 의자에 앉아 있습니다, 제가 보건대, 건강하고 유연하며 건방지지 않고 공상으로 꽉 차도 좋은 젊은이들을 필요로 하는 산업계가, 육체적, 정신적으로 지치고 빈사상태에 있으며, 사소한 일거리조차 쉽게 처리할 만한 태세를 갖추지 못한 엔지니어들을 받아들이고 있습니다,
>
> 저는 교육과정에서 무익한 것들을 생략해 버림으로써, 젊은 엔지니어들을 활동적이면서도 예비된 상태로 직장생활로 내보낼 수 있을 것이라고 확신 합니다 ……"

1900년 이후로, 엔지니어들의 너무나 긴 교육연한에 대한 나의 견해는 그대로 견지되고만 있을 뿐이다.

나는 중등교육과정의 한 훌륭한 학생을 고등기술학교의 졸업생(diplômé)으로 키우는 데는 4년이면 아주 충분하다고 생각한다. 젊은 엔지니어는 21세나 22세에 산업체로 들어갈 태세가 갖추어질 수 있을 것이다. 이 나이에 그는 사회에 유용하게 기여할 수 있을 것이다.[9]

9) 나는 쌩띠엔느 광산학교를 졸업하면서 19세에 꼬망트리(Commentry) 석

이러한 결과는, 오늘날 그랑제꼴에서 결여되어 있는 *경영관리*, *영업*, *재무*, *보호안전* 및 *회계*과목들에다 6개월을 완전히 할애한다면 제대로 얻어낼 수 있을 것이다.

고등수학과 기술과목들 중 별로 유익하지 못한 몇몇 세부적인 과목에 할애된 시간 가운데에서 적어도 2년은 벌 수 있어야 한다.

나는 토목공학계 학생들로 하여금 오늘날 산업계에서 제 위치에 있지 못하는 사람들보다 훨씬 낫게 준비하게 함으로써 그렇게 될 수 있으리라고 확신한다.

내가 여기서 검토해야 한다고 생각하지 않는 군복무 문제는 남아 있게 된다.

이 나라 산업의 미래를 짊어질 젊은이들의 양성에 너무 많은 염려에 빠져들 필요는 없을 것이다.

그것은 학생들이 학교를 졸업하려하는 순간에, 만약 내가 그러한 권한을 가졌다면 여기서 기꺼이 그들에게 줄 몇몇 충고를 공식화하도록 만들 생각이다.

미래의 엔지니어들에게 주는 충고 — 여러분들이 결국은 유용한 존재가 될 수 있다는 사실과 업무를 처리하면서 명예로운 위치를 점하려는 정당한 열망을 가졌다는 사실을 생각하면 여러분들은 행복한 것입니다.

여러분들이 사용하고자 소유하려는 자질들은 학교에서 상위권에 도달하도록 해주는 그것과 똑같은 것이 아닙니다. 시험점수

탄광업 회사의 부문 엔지니어로 들어갔다. 이것이 1860년이었으며 그 당시만 하더라도 군복무가 의무적이지 않았다.

에 들어가지 않는 건강이라든지, 사람을 다루는 솜씨(리더십), 그리고 행실은 엔지니어의 성공에 어느 정도의 영향을 미칩니다. 그때 그때의 정황들은 다양하기도 합니다.

그러므로 상위권 학생들 그리고 수석졸업자들까지도 항상 가장 훌륭하게 성공한 사람들이 아니라는 사실에 전혀 놀랄 이유가 없습니다.

여러분들은 비록 작은 규모라 할지라도 한 기업의 경영관리를 맡기 위한 준비는 갖추지 못했습니다. 학교는 여러분들에게 실무적 지식(pratique), 경험(expérience)이라 부르는 것, 사람과 일과의 접촉에서만 습득되어지는 면(실천성)이 결여되어 있는 것(지식)만을 주입시켜 왔습니다.

여러분들은 기술적인 큰 일을 당장 수행할 수 있을 만한 정도 그 이상으로 준비되지는 못했습니다. 산업체의 어느 경영자도 여러분들에게 당장 광산의 수갱(竪坑)파기, 용광로 또는 압연기의 운행을 맡기는 그런 부주의를 범하지 않을 것입니다.

우선 여러분들은 여러분들이 알지 못하는 일(métier)을 배워야 합니다.

대부분의 여러분 선배들처럼 여러분들은 그러니까 2류의 엔지니어 자질로 또는 보다 조촐한 직책들로 시작하게 될 것입니다.

사람들은 여러분들로부터 성숙된 판단력, 기술적 절차에 대한 실무적 지식, 여러분들의 직능에 다소 가깝게 근접하는 아주 세부적인 사항들에 대한 넓은 시야를 기대하지는 않습니다만, 졸업장과 함께 심사숙고 끝에 얻어진 견해, 논리성, 관찰정신, 여러분의 과업(tâche)수행에 있어서의 헌신을 요구합니다. 여러분들이 소유한 이론적인 개념들은 여러분들이 어떤 유형의 일에서든 그 세부적인 것들을 신속하게 소화할 수 있게 끔 해줍니다.

여러분들의 미래는 여러분들의 기술적 능력에 달려 있기도 하지만, 주로 여러분들의 관리적 능력에 따라 좌우될 것입니다. 신입사원에게까지 명령을 내릴 줄 알고, 기획을 하며, 조직화하고 또 통제하는 것은 기술적 지식에 대한 필수적인 보완요소인 것입니다. 사람들은 여러분들이 알고 있는 것에 대하여 평가할 것입니다.

엔지니어는 그의 초창기에도 다른 사람의 관여가 없다면 많은 일을 하질 못합니다. 엔지니어에게 있어서 부하를 부릴 줄 안다는 것은 엔지니어에게는 당장 필요한 것입니다.

여러분들은 우선 거의 대부분이 오랜 경력을 가진 현장근로자들이면서 영특함과 지시・명령에의 지휘력 및 재능 때문에 같은 동료들 가운데에서 선발된 조・반장들을 직속부하로 거느리게 됩니다. 그들은 현장근로자로서의 경험을 가지고 있고 여러분들에게는 결여되어 있는 작업현장에의 경험도 있으며, 작업현장을 잘 알고 있습니다. 그들은 또한 여러분들이 비교적 아주 박식한 것으로 알고 있고, 학문에 대하여 대단한 호감과 경의를 가지고 있습니다. 바로 그것이 그들과 여러분들 사이에 이루어져야 할 묵시적인 조화일치의 바탕이 되는 것입니다.

조・반장은 수년간의 경험을 바탕으로 하고 있고 일상적인 실무에 의해 발달된 판단력을 지니고 있다는 사실을 잊지 말아야 하며, 그들과의 접촉에서 학교교육에 대해 필요한 보충이라 할 수 있는 귀중하고도 필수적인 실무적 자료들을 얻을 수 있다는 사실을 염두에 두어야 합니다.

현장근로자들에 대해서는, 예의바른 태도와 온정(호의)을 보여주어야 합니다. 그들의 행동, 그들의 성격, 그들의 적성, 그들의 작업 그리고 개인적인 관심사들까지도 연구하도록 해야 합니다. 사회 도처에서 영특한 사람들을 발견할 수 있다는 점을 상기해야 합니다. 능수능란한 지휘명령으로 기강을 확립할 수 있을 뿐만 아니라, 어렵고도 미묘한 상황 속에서도 자기를 희생하며 헌신까지 할 수 있는 충성심을 확보할 수 있습니다.

업무수행에 있어서는, 말은 세심하고 신중히 해야 하고 어떤 부당한 나무람도 있어서는 안 됩니다. 경우에 따라서는 여러분의 잔소리가 사실이나 규칙에 대한 정확하지 못한 해석에서 비롯되었다는 점을 솔직하게 시인하는 데 주저하지 말아야 합니다.

여러분의 직무를 수행함에 있어서, 정말 열심히 함으로써 여러분의 상사의 호감을 사도록 노력해야 합니다. 그는 여러분들이 오용해서는 안 될 친절을 베풀어줄 것입니다.

여러분 주위에 있는 사람과 일들에 대한 의견을 제시하여야 합니다. 개선시켜 볼 생각으로 비판을 가한다는 것은 아주 좋은 일입니다. 그러나 그 외 모든 류의 비판은 경박함이나 악의에서 나온 행동인 것입니다.

자만에 빠지지 않으면서 여러분 스스로에 대하여 자신감을 가져야 합니다. 여론을 경시하거나 다른 사람들의 경험을 무시한다는 것이 아니라, 자기의 주관을 가졌고 자신에 대한 믿음을 가졌을 경우, 확신과 열의를 가지고 자기의 관점을 옹호해야 합니다. 만약 여러분 자신이 확신을 가지고 있지 않다면 다른 사람들을 설득하기란 매우 어려울 것입니다.

여러분들은 결코 전문분야에서 일하는 시간에 완전히 매여 있지만은 않습니다. 여러분들은 항상 연구하는 데 필요한 시간을 발견할 수 있을 것입니다.

여러분의 전공지식들을 보완하도록 공부를 해야겠지만, 여러분의 전반적인 교육을 무시해서는 안 됩니다. 여러분들에게 무한한 존경과 흠모를 가지게끔 하는 지도자들은 여러분들도 알게 되겠지만, 끊임없는 노력을 통하여 배우기를 멈추질 않았습니다.

여러분 주위에는 무척이나 배울 것이 많다는 것을 잘 알고 있을 것입니다. 거기에 빠져들기만 하면 모든 것이 흥미롭습니다. 여러 가지 일들이 여러분들의 영감으로 서서히 떠오르게 되면 그것들을 기록하도록 해야 합니다. 만약 여러분이 그것들을 체계적으로 분류한다면, 여러분이 그처럼 유익한 일을 했다는 사실을 금방 인정하게 될 것입니다.

만약 여러분이 일을 좋아한다면 여러분은 곧 여러분의 흥미를 끌고 깊이 있게 연구하고 싶은 문제들을 접하게 될 것은 의심할 여지가 없습니다. 여러분의 여가를 그런 것에다 쏟아보시기 바랍니다. 동일한 주제에 대해서 다른 사람이 했던 것을 찾아보시기 바랍니다. 그들이 혹시 해결해야 할 문제를 남겨두었는지 살펴보시기 바랍니다.

지식은 일상적인 과업들을 수행하는 데서만 얻어지지 않을 것입니다. 책을 통해서 학술지를 통해서, 개인적인 노력을 통해서 끊임없이 공부해야 합니다. 그렇지 않으면 실망할 수밖에 없을 것입니다.

여러분의 전공영역에서 중요한 학회의 회원으로 가입하십시오. 모임에도 나가며 학술회의에도 참석하시기 바랍니다. 그렇게 되면 같은 전공영역의 경륜이 있는 인사들과 관계를 맺게 될 것입니다.

여러분들이 연구하고 싶은 주제들에 대하여 여러분들의 역량을 가늠하여 볼 수 있도록 우선 자그마한 연구논문들(notes)을 일찍이 출간하도록 해보시기 바랍니다.

건강함은 세상을 살아가는 데 있어서 하나의 필수적인 조건입니다. 그러므로 건강을 돌보아야 합니다. 여러분들이 갖고 있는 체력의 정도를 넘어 무리하지 않도록 해야 합니다. 이처럼 신체단련과 지능적 노력을 조화시켜야 합니다.

어려운 상황에서도 밤낮으로 강도 높은 일을 끝까지 해 나갈 수 있게끔 해줄 것입니다. 약간의 휴식이 여러분의 신체기능을 쉽게 정상화하도록 도와줄 것입니다.

그러나 과다하게 일하는 것은 다른 것을 무리해서 하는 것만큼이나 위험하다는 사실을 알아야 합니다. 두뇌가 피로해지고 유연해지지 않으면 하던 일을 그만두고 놀며 쉬어야 할 시간인 것입니다. 휴가(vacances)를 전혀 갖지 않는 것은 아주 좋지 못한 습관입니다. 개인의 성과가 위축되고 질과 양에서도 마찬가지의 결과일 것입니다.

여러분들은 젊은이답게 부지런하면서 열정적이어야 하며 결코 의기소침해지지 않도록 해야 합니다.

자기 일을 성취하기 위하여 피곤함과 불유쾌함을 견뎌내면서 자기의 최선을 기울였을 때, 그 일이 생명력을 가지는 것을 보면서 만족감에 의하여 고통에 대한 그 보상을 받게 되는 것입니다.

자발성을 가지십시오. 또한 대담성까지도 가져야 합니다. 그 책임에 대한 우려는 나약함의 징조일 것입니다.

한 기업의 번영에 바쳐진 모든 지혜, 모든 노력, 모든 자질들이 좌절당할 수 있음을 알아야 합니다. 요행과 정황들이 종종 사업의 성패에, 나아가서는 그 사업을 운영하는 사람들의 성패를 좌우하게 될 것입니다.

그러나 우연성이 하는 역할이 너무 과장되어서는 안 될 것입니다. 처음으로 성공을 거둔 사람은 그저 행복해질 수 있을 것입니다. 만약 그의 성공이 계속 반복되면, 그의 성공에서 그의 개인적 자질이 주된 역할을 한다는 사실을 인정하지 않을 수 없을 것입니다.

여러분들은 이지적인 엘리트에 속하므로 여러분들 자신이 살아가는 시대적 상황에 대하여 초연해져서는 안 됩니다. 여러분들은 모든 분야에 있어서 현대 사회를 좌우하는 전반적인 개념들에 대하여 잘 숙지하고 있어야 합니다.

여러분들은 여러분들 자신에게 뿐만 아니라 여러분의 동료들, 여러분의 상급자들, 그리고 여러분이 봉사하고 있는 기업에 대하여 이바지할 의무가 있습니다. 여러분이 복장, 여러분의 태도, 여러분의 의도(propos), 여러분의 행동은 여러분 자신의 책임에 대하여 정확한 지침을 가지고 있다는 것을 보여주어야 합니다.

마지막으로, 결혼은 시민생활의 가장 중요한 행위라는 사실을 잊지 말아야 합니다. 인생의 행복과 직장생활의 성공이 결혼의 여부에 따라 많이 좌우됩니다. 여러분은 훌륭한 반려자에 어울릴 수 있도록 노력해야 할 것이며, 여러분 자신이 마땅한 선택을 해야 할 것입니다.

② 중등교육

고등학교의 중등교육은 *일반교양*(culture générale)을 길러주는 데 목적이 있고, *대학입학자격*(baccalauréat)을 인가해 주는데 있는 것이지, 직장생활과 관련된 무엇을 특별히 준비하는 것은 아니다. 이 과정의 학생들은 산업체의 하위부서에 있는 초등학교 출신의 학생들보다 더 잘 갖추어져 있다고 할 수는 없으며, 그들을 상위부서에서는 전혀 찾아볼 수가 없다. 그들은, 유용하게 쓰여 질 수 있기 위한 새로운 구상을 필요로 하는 일종의 중간 생산물과 같은 것이다.

미래의 엔지니어들을 위해서 그러한 구상은 응시자들이 1, 2년 동안의 특별한 준비과정을 마치고 들어오는 고등기술학교에서 이뤄지고 있다. 만약 그러한 준비과정이 국가의 필요성이라는 관점에서나 또는 젊은이들의 미래라는 관점에서 반드시 이루어져야 할 방향으로 이루어지지 못하고 있다면, 책임을 져야 할 곳은 고등학교가 아니라 입학조건을 결정하는 고등기술학교인 것이다. 고등학교는 예비과정 성격의 수업에 대한 교육 프로그램을 받아들이기만 하는 것이다. 고등학교는 교육프로그램에 대하여 책임을 질 수 있는 입장은 아닌 것이다. 고등기술학교들이 응시생들에게 수학과목을 덜 요구하고, 그들의 의사표현에 대한 보다 많은 명료성과 약간의 경영관리적 개념을 요구하게 되는 날, 고등학교는 그들의 교육을 입학시험과 함께 조화를 이루게 될 것이다. 나는 그날이 그리 멀지 않으리라는 바램을 가져본다.

㉠ 대학교육 — 문교부의 초·중·고등교육 교원단의 중등교육은 산업을 주목적의 대상으로 삼지는 않는다. 중등교육과정의 학생들은 아주 다양한 직장으로 진출한다. 즉, 의학분야, 법학분야, 교수직, 상업분야, 농업분야, 공업계 학교, 군대 등등이 그런 것들이다.

문교부의 초·중·고등학교 교원단은 이 모든 젊은이들에게 그들을 전공분야로 들어가게 하기 전에 의뢰했던 일반교양을 가르쳐주고 있는가?

산업계의 관점에서는 철강공업위원회에서 이미 답변한 바 있는데 그 위원회에서는 '아니오'라고 했으며, 1902년에 채택된 중등교육과정의 프로그램에 그 책임을 돌리고 있다. 사회 각 분야의 몇몇 대표들은 상반되는 견해를 표명하기도 하였지만, 대부분의 사람들은 아무런 언급도 하지 않았다.

나는 중등교육과정에서 모든 것이 제일 좋은 상태로 되어지리라고는 생각지 않았으며, 예컨대 만약 학업관리에 있어서 *행동의 통일, 조정* 및 *통제*의 경영관리 규칙들이 보다 잘 준수되기만 했다면 결과는 훨씬 좋았을 것이다. 그러나 문제는 전혀 그 프로그램에 있는 것이 아니라는 점이다. 나는 1902년의 프로그램들이 사람들이 그렇게도 비난할 정도의 나쁜 상태에 있었다고는 생각하지 않는다. 이러한 관점에서 보면 중등교육과정은 고등기술교육과정에 비하여 결함이 적은 것으로 보이며, 내 생각으로는 노력이 우선적으로 기울여져야 할 것은 후자(고등기술교육)인 것이다.

㉡ 특수교육 — 산업체들은 중등교육의 학생들 가운데에서는 찾지 못하는 중간계층의 구성원들을, 그 수가 점점 늘어나고 있는 훌륭한 조반장들과 훌륭한 직공장들을 양성시킬 목적으로 특별히 설립한 특수학교 졸업생들 중에서 채용하고 있다. 건축, 광산, 제철, 농업, 화학, 전기, 직물분야들이 제각기 매년 훌륭한 일련의 학생들이 배출되어 나오는 지역 또는 지방의 특수학교들을 가지고 있다. 일반적으로 초등교육 기간 중에 선발된 이들 젊은이들 전부는 산업체의 요구에 잘 부흥할 수 있는 엘리트층을 형성한다. 그들 중의 상당수는 기업주가 되고, 또 일부는 산업계의 가장 높은 위치에 오르기도 한다.

지금까지 *경영관리*(adminstration)가 중등기술학교교육의 프로그램에 포함되지 않았다는 점은 하나의 유감스러운 결함인 것이다. 지도자가 되기로 예정되어 있다면, 그런 학교들의 학생들은 기획하고, 조직화하며, 지휘 · 통솔하고 조정하며, 통제하는 기술(art)에 대한 상당히 폭 넓은 개념들을 지녀야 한다.

③ 초등교육

훌륭한 초등교육은 산업활동(travaux industriels)에 대한 하나의 훌륭한 준비과정이라는 사실을 아무도 의심치 않을 것이다. 국가가 초등교육에 대한 비용부담을 하기 전에는 대기업들이 일반적으로 그들 고유의 학교를 소유했었다. 그 이후로도 대기업들이 초등교육에 대하여 무관심하지 않았다. 대기업들은 우수한 학생들에게 주어지는 특별대우라든가, 아니면 고등 또는 특수교육과정의 설립에 대한 보조금 지원 또는 기타의 방법으로 관여해 오고 있다.

오늘날, 광산 또는 제철업계의 근로자들은 십 년 전에 조반장들과 광산분야의 장인들이 평균적으로 받았던 만큼 아니면 그 이상의 교육을 받고 있다.

가능한 최고 수준에 도달하기에는 아직도 멀지만, 결과는 성공적이었다. 나는 초등교육과정에 약간의 경영관리적 개념을 도입하는 것이 좋을 것이라고 생각한다. 어린이들의 뇌리 속에다가 삶을 살아가는 동안에 자연스럽게 성장되어 갈 지식의 씨앗을 심어주는 데는 두 페이지 정도의 내용과 몇 개의 도표들로 충분할 것이다.

(2) 작업현장(고용주)의 역할

학교를 갓 졸업했을 때의 산업체 구성원은 수습 근로자, 수습 조반장, 수습 엔지니어, 수습 부장 등, 하나의 수습생에 지나지 않는 것이다. 특수교육을 마쳤을 때조차도 그 준비과정은 완벽하지 못하다. 그들에게는 인적요소와 판매경쟁이 중요한 의미를 갖는 기업환경에서의 경험, 학교에서는 정확한 개념을 주기 힘든 그러한 경험이 결여되어 있는 것이다. 학생들의 교육은 보완을 필요로 한다. 학교의 역할이 끝나는 순간에 작업현장의 역할이 시작되어야 하는 것이다.

고용주의 교육자적 직능은 모든 차원에서 이루어져야 하며 그러한 직능은 끊임없이 일깨워져야 하는 것이다.

적성을 발견해야 하고, 노력을 북돋워주어야 하며, 깨우침과 견습훈련을 용이하게 해주어야 하고, 열성과 성공에 대하여 보상해 주며, 끊임없는 선발을 해나가야 한다. 이렇게 해서 하나의 훌륭한 인재를 양성하게 되는 것이다.

어떤 수준에 있게 되면, 그 부문에서 그렇게 양성된 종업원은 다른 곳에서 얻을 수 있는 어느 누구보다도 그의 직능을 잘 수행할 수 있는 조건을 갖추게 된다. 잘 아는 종업원들을 현장에서 키우면서도 그들이 실망을 느끼지 않게 되리라는 보장은 없다. 기할 수 있는 모든 주의에도 불구하고, 외부로부터 얼마나 많은 유혹을 받게 되어 있는지 모른다.

기술적인 훈련을 위해서는, 비슷한 모든 기업에서 과학적 학설과 실제 체험에서 우러나와 두루 쓰임 받는 모든 계층의 구성원들이 있다. 스스로 배우려면, 구성원은 눈을 떠야만 하고 생각해 보고 그리고 자기의 임무를 잘 수행하려는 노력을 기울여야만 한다.

*경영관리적*인 훈련은 반드시 똑같은 방법으로 이뤄지지는 않는다. 경영자의 전제적 의도밖에 다른 것을 보기가 무척 어려운 상황 속에서, 학설의 부재는 망설임과 모순들을 야기시킨다.

훌륭한 경영관리의 징표는 필요로 하는 모든 유형과 모든 수준의 구성원들에 대한 체계적이고 집요한 교육훈련(양성)인 것이다. 몇 년간에 걸친 능란한 노력들은 이러한 관점에서 훌륭한 결과들을 가져올 수 있을 것이다. 불행스럽게도 특히, 경영관리적 관점에서 한 훌륭한 인사의 자질을 쓸모없게 만드는 서투른 경영관리에 더 이상 많은 시간을 들여서는 안 된다.

만약 최고경영자가 가능한 한 자기의 직속 부하에게 기업의 전반적인 문제들을 깨우쳐주면서 모범을 보이며 격려해 준다면, 만약 최고경영자가 엔지니어로 하여금 조반장에게 그가 얻은 경험적 개념들과 맞바꾸는 식으로, 약간의 학문적 지식을 몸에 배도록 가르치기만 한다면, 또한 만약 기업경영자가 근로자들을 가르치려고 노력하는 조반장을 얻기만 한다면, 기업은 곧 훌륭한 인적자원들을 갖출 수 있도록 하는 커다란 기회가 주어질 것이다.

(3) 가정의 역할

다른 모든 기업과 같이 가정도 경영관리, 즉 기획, 조직화, 지휘, 명령, 조정 그리고 통제를 필요로 한다. 가정은 경영관리에 대하여 하나의 훌륭한 학교가 될 것이다. 어린이들의 뇌리 속에 자연스럽게 스며드는 원칙, 방식, 방법들이 전달될 수 있고 완전하게 될 수 있는 개념들을 구성할 것이다. 그런데 실상은 그렇지가 못하다. 각자는 거기에 대해서 충분한 개념을 가지고 있다고 생각하고 그의 영감에 따르거나 아니면 사건진행에 따라 일을 내버려두기도 한다. 경영관리적 관점에서 보면, 가정은 가장 훌륭한 것에서부터 최악의 것까지 가장 다양한 예를 보여준다. 그리고 현저한 진보 없이 끊임없이 반복되는 것이다.

교육되어지고, 그래서 일반대중의 토론을 거치기도 한 학설만이 가사와는 별개로 이루어지는 암중모색에 종지부를 찍을 수 있을 것이다.

그럼으로써만이 가정은 젊은이들의 경영관리적 교육훈련(양성)에 있어서 그에게 주어진 역할을 정확히 수행할 수 있을 것이다.

(4) 정부의 역할

정부는 학교나 그 외의 예들을 통해서 시민들의 경영관리적 양성과정에 기여할 수 있다.

우리는 정부에서 세운 학교들이 일반적으로 지금까지 경영관리교육을 거의 완전하게 무시하는 처사를 보았다. 이 방면에서 해야 할 일이 너무나 많을 것이다.

정부의 경우를 예로 들어보자면, 그 예들은 가정과 작업현장의 경우와 마찬가지로 특이하고 아주 다양한 값어치가 있는 것들이다. 대규모의 국가적 업무에 있어서, 기획, 조직화, 지휘·명령, 조정과 통제는 사업의 경험을 겸비한 엘리트의 지혜만으로 할 수 있는 것이다. 그런데 현재의 채용 시스템은 종종 사업에는 생소하고 갑자기 맡겨진 어려운 직능에 전혀 준비가 되어 있지 않았거나 겨우 준비된 사람들의 손에 의해 좌우되고 있다. 이러한 조건하에서는, 관리행정이 필연적으로 한결같지 못할 것이고, 모양이 좋아도 너무나도 좋아서 시민들의 경영관리행정 교육을 규칙으로 세우기에는 부적합한 것이다.

나는 훌륭한 경영관리교육이 이러한 상황을 개선시켜 줄 수 있을 것으로 생각한다.

3. 지휘명령

사회조직기구가 한번 구성되고 나면, 어떻게 그 기능을 발휘케 하느냐가 가장 큰 문제이다. 그것이 바로 *지휘명령*의 임무인 것이다.

그러한 사명은 각자가 자기 단위부서의 책무와 책임을 지고 있는 기업의 여러 부서 책임자들 사이에 나누어져 있다.

각 책임자에게 있어서, 그 지휘명령의 목표는 기업의 이익을 추구함에 있어서, 각 단위부서를 구성하는 구성원들을 최대한으로 이용하는 데 있는 것이다.

지휘명령의 기술(art de commander)은 특정의 개인적 자질과 관리의 일반적 원칙들에서와 인식에 근거를 두고 있다. 그러한 기술은 대기업들에 와서 마찬가지로 소규모 기업들에서도 보인다. 지휘명령 기술은 여타의 모든 기술과 마찬가지로 여러 단계가 있다. 잘 운용돼 가고 있고 최대의 성과를 올리는 아주 큰 단위부서는 일반 대중의 경탄을 불러일으키게 된다. 모든 분야에서, 즉 기업에서, 군대에서, 정치분야 또는 그 밖의 다른 분야에서, 아주 큰 단위부서의 지휘명령은 탁월한 자질들을 요한다.

나는 여기서 *지휘명령*을 용이하게 해주는 몇 가지 규범(préceptes)들을 상기시키는 것으로 그치고자 한다.

*지휘명령*의 책임을 진 지도자는,

첫째, 자기 부서의 사람들에 대한 많은 지식을 반드시 가져야 한다.

둘째, 무능한 자들은 내보내야 한다.

셋째, 기업과 구성원들의 관계를 맺어주는 협약내용을 잘 알고 있어야 한다.

넷째, 모범을 보여주어야 한다.

다섯째, 조직기구에 대한 정기점검을 실시해야 한다. 점검할 경우에 일람표들을 사용해야 한다.

여섯째, 관리의 일원화는 노력의 일체화가 이루어져야 하는 회의에서 주요 동조자들을 규합해야 한다.

일곱째, 세부사항들에 골몰하지 않도록 해야 한다.

여덟째, 사람들 사이에 활발성, 자발성 및 헌신의 분위기가 되도록 해야 한다.

. . . .
. . . .

1) 부하구성원에 대한 깊은 인식

수백 또는 수천 명의 구성원들을 헤아리는 대단위 조직에 있어서는, 무엇보다도 문제의 해결이 어려울 것으로 보인다. 그러나 그 어려움은 사회조직기구의 구성방식에 따라 간단히 축소되어 버린다. 확실히 그 방식은 그러한 어려움 자체에서도 유래하는 것이기도 하지만 말이다.

조직계층의 수준이 어떠하든 간에, 한 지도자는 결코 6명도 안 되는 아주 작은 수의 부하들만을 *직접적으로* 지휘명령하지는 않는다. 책임자 C'(조반장 또는 그 지위에 상응하는 사람) 혼자서, 업무가 단순할 경우는 가끔 2~30명의 부하들을 직접 지휘명령하기도 한다.

그러므로 대기업에 있어서도, 경영자가 *직속*의 부하들을 연구하고, 그들 각자로부터 무엇을 기대할 수 있는가, 또 어느 정도 그들을 신뢰할 수 있는가를 아는 것은 결코 불가능하지는 않다.

그러한 연구는 항상 상당한 시간을 요한다. 그것은 부하들이 보다 높은 계층에 있을수록 그들의 직능들이 서로 동떨어져 있을수록 그리고 지도자와 부하들간의 접촉이 드물수록 그만큼 더 어려워진다. 왜냐하면, 지도자가 대기업의 최고경영층에 도달해 있는 사람이기도 하기 때문이다. 그러한 연구는 고위층 인사들의 *고용불안정성*(instabilité)과는 관계없이 이루어진다.

직속이 아닌(indirects) 부하, 즉 피라미드 계층구조의 정상에서 볼 때, 계층을 따라 밑바닥까지 내려가서 상사의 어떤 조치가 중간계층 관리자들을 통해서만 취해질 수 있는 모든 사람들에 관해서는, 상사가 그들 모두를 개인적으로 알 수가 없고, 그가 가지고 있는 부하에 대한 지식은 그 수가 증가함에 따라서 약해지는 것은 분명하다. 그래서 그 중에서 직접적인 인사관리 행동은 변함없이 이루어진다.

2) 무능자들의 제거

자기의 단위부서가 양호한 상태로 기능을 발휘하게 하기 위해서, 지도자는 어떤 이유로 말미암아 그의 직능을 잘 수행할 수 없게 된 모든 구성원을 제거하거나 제거할 것을 제안해야 한다.

그건 어쩔 수 없이 항상 중대하고도 까다로운 문제인 것이다.

높은 위치에 올라 있고, 인정과 총애를 받았으며, 또한 많은 봉사를 하였으나, 이제는 기업의 운영을 방해한다는 점에서 그의 능력이 쇠약해져 버린 — 자신이 그 사실을 알아차리지 못하고 있는 — 한 장기근속자의 경우를 예로 들어보자. 이제 그의 제거가 불가피해진 것이다. 그러나 누가 이 필요성에 대한 심판자가 될 것인가? 누가 그 집행의 정확한 순간을 결정할 책임을 질 것인가? 어떤 원칙도, 어떤 규칙도 그 책임을 대신해 주지 않는 한 최고책임자 혼자밖에 없다. 봉직한 업무에 대한 추억, 애착, 있게 될 어떤 반향들이 헌신적이었고 규율을 준수해 준 한 구성원을 놀라게 만들고 너무 마음 아프게 할 일종의 조치를 후일로 미루게 만든다. 책임자가 판단해야 하고 책임져야 할 전체이익만이 그러한 조치들을 지체하지 못하도록 만든다. 그 숙제는 강요된 것이지만, 능수능란하고 과감하게 수행해야 한다.

사회조직기구 전체가 그들 동료 중의 한 사람, 특히 주요한 멤버 한 사람의 제거로 말미암아 타격을 받을 것으로 느껴진다. 만약 구성원들이 그러한 조처가 필요했고 정당했다는 확신을 가지지 않았다면, 구성원들 각자의 고용안정이 흔들리게 될 것이고, 미래에 대한 신뢰감, 나아가서 그들의 열의가 감소될 것이다.

그러한 확신이 주어져야만 한다.

이런 류의 사태에 대비하여 기업은 금전적인 보상, 명예적인 충족, 약간의 행동을 할 수 있게 해주는 가벼운 직능 등을 예정했어야 한다. 온정적이고 능란한 지도자는 앞에 열거한 방법 가운데서 자신의 마음 속에서 그렇게 하지 않을 수 없었던 자존심과 이해의 상처를 치료해 줄 방법을 찾아낸다. 동시에 그는 조직 기구의 모든 구성원들의 장래에 대하여 안심시켜 줄 방법도 찾아낸다.

그러한 예를 통하여 구성원들 중의 무능한 사람의 제거는 지도자의 수준 높은 정신적 자질들을 요하고, 특히 군사적 용기보다 때로는 실행하기가 더욱 힘든 어떤 시민적 용기를 필요로 한다.

3) 노사협약에 대한 깊은 인식

기업과 그 종사자들은 협약에 의해 관계를 맺고 있다.

경영관리자는 그러한 협약들의 집행여부에 대하여 살펴보아야 한다. 이는 그에게 이중적 역할을 요구하는 데, 종업원들에 대한 기업의 이익을 지키는 것과 기업주에 대한 종업원들의 이익을 지키는 것이다.

기업은 임금인상을 요구한다든가 일을 적게 하겠다든가 하는 것으로, 아니면, 태만, 허영 또는 기타의 인간의 열정과 나약성으로 말미암은 것으로 야기되는 다각적인 침해에 직면하게 된다.

이러한 침해들 가운데에서 가장 가공할 만한 것은 관리자가 기업의 이익만을 위해서 행동해야 함에도 불구하고, 가족에 관해서라든가 동료에 관해서라든가, 친구에 관한 문제일 때, 즉 정실과 관계되는 모든 것을 조심스럽게 피해야 한다는 사실을 잊을 경우에 관리자 자신으로부터 파생되는 것들이다. 자기 역할의 선두부분을 수행하기 위해서 관리자는 공명정대함(intégrité), 요령 그리고 기력을 필요로 한다.

기업주의 있을 수 있는 권리남용으로부터 종업원들을 보호하기 위해서, 관리자는 협약에 대한 완전한 인식은 물론 자기의 본분과 공평무사에 대한 깊은 자각이 필요하다.

협약에 대한 주의 깊고 지혜로운 관찰이 바로 양심을 가지도록 해준다.

좋든 나쁘든 간에 협약은 그 기간 동안만은 적용되어야 하는 것이다. 그러한 협약이 현재의 경제적 또는 사회적 조건들과 조화를 이루지 못하는 순간이 언젠가는 오기 마련이다. 어느 날 어떤 가공할 만한 분쟁에 처하여 변화・발전을 참작해야 하는 것이다.

협약을 관찰하고 자문을 하며, 권한을 가지고 있다면, 시간과 여건들이 필요로 하는 변화수정들을 실현시켜 나가기 위해서 단위부서의 책임자만큼이나 나은 위치에 있는 사람은 아무도 없다.

4) 훌륭한 지도자의 예

모든 지도자들이 복종케 하는 권한을 가지고 있음은 물론이다. 그러나 그러한 복종이 단지 억압의 두려움으로 인한 것이라면 그 기업은 결국 좋지 못한 방향으로 나아가게 될 것이다. 반면에 풍요로운 결과를 가져오고 자발적인 노력과 사려 깊은 자발성을 낳게끔 하여 복종에 이르게 하는 방법들이 있다.

어떤 지도자들은 수월하게 눈에 띄는 복종, 활동, 열의 그리고 헌신까지도 얻어낸다. 그런데 다른 이들은 결코 그런 경지에 다다르지 못하는 경우도 있다.

훈련방법들 가운데 가장 효과적인 것 중 하나는 모범을 보여주는 것이다.

지도자가 정근(精勤)의 본보기를 보여 줄 경우, 아무도 감히 지각하려고 하지 않을 것이다.

그가 활동적이고, 용기가 있고, 헌신적일 경우, 그렇게 따라 할 것이며 그런 행동을 모범적으로 보여준다면 일에 흥미를 갖게 할 수가 있을 것이다.

그러나 좋지 못한 본보기도 전염성이 있는 것이어서 위에서부터 단위부서 전체에 아주 중대한 반향들을 불러오게 된다. 이것이 한 사람의 좋은 지도자가 나타나기를 바라는 수없이 많은 이유들 가운데 하나인 것이다.

5) 조직기구에 대한 정기적 점검

한 기계의 모든 기관, 특히 복잡한 기계에 대하여 정기적인 검사를 실시하지 않는다는 것은 매우 경솔한 짓일 것이다. 그렇게 되면 성과가 나빠질 것이고, 사고를 불러일으키고 심지어는 파국에까지 직면하게 될 것이다. 약간 피상적인, 매일 매일의 감시가 충분한 보장이 되지는 못한다.

경영관리적 기관들(machines)에 대한 정기적인 검사의 필요성도 적지는 않지만, 그건 지극히 적게 통용되는 것이다. 그것에 대한 이유는 수없이 많다.

우선 채택할 만한 모델의 형태가 제대로 정해져 있지 못하다. 사람들이 기계의 한 기관이나 부품이 양호한 상태에 있어야 한다는 사실은 아주 잘 아는데, 한 기능을 가진 사회적 유기체(경영관리 메커니즘)나 이 유기체의 구성요소 중 하나가 어떻게 되어 있어야 하는가에 대한 정확한 개념들은 일반적으로 갖고 있지 못하다. 사람들은 대개 여러 가지 다양한 측면들에 습관화되어 있으며 수리해야 할 곳이 분명하게 드러나지는 않는다.

이어서 사람들의 관심을 불러일으키는 것은 일반적으로 육체적인 작업에 비해 보다 많은 시간과 보다 많은 재치, 그리고 보다 많은 정신력을 요한다.

인사개혁에 있어서, 책임자들의 자리 변동에 개의치 않는 높은 책임감으로 견지되어져야 한다.

그러므로 조직기구에 대한 정기적인 점검을 요구하는 하나의 규칙을 갖는다는 것은 매우 중요한 것이다.

다음과 같은 규칙이 그러한 필요에 부응해줄 것이다.

"매년 연간 계획의 작성에 관하여 조직기구의 구성에 대한 정밀한 연구가 일람표와 함께 이루어져 왔다."

*일람표*들은 지도자들 각자의 직속상관과 직속부하들에 대한 정보와 함께 기업의 지도자들의 계층구조를 나타내 주는 것이다. 그것은 일종의 어느 순간의 윤곽사진인 것이다. 각기 다른 날짜에 만들어진 두 도표는 조직기구의 구성에 있어서 그 기간동안에 이루어진 변화수정들을 나타내 주는 것이다.

이것들은 정기적 점검을 위해서 귀중한 것이다.

조직기구(organism)에 대한 조급한 수정으로 말미암아 너무 흔히 발생하는 결점이 있는 형태를 피하기 위해서, 일상 업무에서는 도표들이 많이 사용된다. 기술(記述)해서는 알아보기가 아주 어려운 사회조직의 그러한 악폐들이 *도표들* 속에서는 명백히 나타나는 것이다. 그것은 결함이 있는 형태를 통과시키지 않는 하나의 측정기(gabarit)와 같은 것이다.

도표들은 지금껏 명령일원화의 원칙이라는 관점에서 볼 때 커다란 기여를 하고 있는 것이다. 우리는 명령계통의 이원성(dualité)이 수많은 갈등의 근원이 된다는 사실을 알고 있다. 그런데 이러한 조그만 결점으로 말미암아 사람들 사이에서 야기되는 이원성은 흔히 도표들에 의해 발견되고 또 피하게도 해준다.

날마다 끊임없이 쓰이는 *인사조직 일람표*들은 단위부서, 특히 규모가 거대한 단위부서의 책임자가 항상 필요로 하는 것들이다.

6) 회의와 보고서

경영관리자를 중심으로 주위의 중요한 동료들이 모이는 회의(conférence)에서 계획을 밝힐 수도 있고, 각자의 아이디어를 모을 수도 있으며, 의사결정을 하기도 하고, 그의 명령들이 이해되어지고 있고, 각자가 집행 시 담당해야 할 몫을 잘 알고 있는지를 확인할 수도 있는데, 이 모든 것들이, 회의를 하지 않고 똑같은 결과에 도달하려면 소요되어야 할 시간의 십분의 일 정도면 족하다.

마찬가지로 만약 그러한 동료들이 아주 큰 기업에서도 흔히 볼 수 있듯이 그들끼리 또는 상사와 자주 만나지 못하는 상위부서의 책임자들이라면 회의를 통하지 않고는 아무리 똑같은 시간과 노력을 들인다 해도 회의가 가져다줄 수 있는 확실성과 힘을 얻을 수 없다고 말할 수 있다.

경영관리자는 소단위 부서라면 자신 스스로가, 대단위 부서라면 간접적으로 모든 일이 어떻게 되어 가는지를 알아야 한다. 구두보고와 서면보고들은 관리자가 일이 제대로 되어 가는지를 알아야 할 감독 및 통제에 대한 보충자료들에 불과한 것이다.

7) 세부사항에 골몰하지 않도록 할 것

높은 직위의 관리자에게 있어서 중대한 결점은, 중요한 문제들이 그들이 신경 쓸 시간을 찾지 못해 해결책을 기다리고 있음에 반해서 하급자들이 그만큼 아니 그 이상으로 잘 집행할 수도 있는 세세한 사항들에, 오히려 많은 시간을 소모한다는데 있다.

어떤 사람들은 아주 사소한 일들에 개인적으로 관여하면서도 자신들이 아주 유용한 존재라고 착각한다. 또 다른 이들은 "그들이 손대지 않았다면 일이 잘 될 수도 있었을 텐데."라고만 생각하는데, 이러한 생각은 그들이 부재중일 경우 몇몇 사람들로 하여금 업무들을 미결 상태로(en souffrance) 내버려두게 하는 원인이 된다. 높은 직위의 경영자는 항상 바쁜 듯이 보여야 한다라고 생각하는 사람들의 판단에 개의치 말고, 큰일에 대한 연구, 관리 및 통제에 필요한 생각과 행동의 여유를 가지려고 애써야 한다. 지도자는 자신 스스로가 반드시 하지 않아도 될 모든 일에 대해서는 부하들이나 참모에게 그 권한을 위임해 주어야 한다. 그에게는 결코 자기의 개인적인 주의를 끊임없이 기울여야 할 문제들에 대해서 그렇게 많은 시간과 여력이 남아돌지는 않을 것이다.

세부적인 사항에 몰두하지 않게 하라는 말은 세부적인 사항을 중요시하지 말라는 의미는 아니다. 한 책임자는 모든 것을 다 알아야 한다. 그러나 그는 모든 것을 다 볼 수도 없고, 모든 것을 다 할 수도 없는 것이다. 사소한 일들에 쏟는 배려(soin)가 그로 하여금 큰 것을 놓치도록 해서는 안 된다는 것이다. 훌륭한 조직은 그러한 것에 미리 대비해야 한다.

8) 사람들 사이에 단결, 활발성, 자발성, 헌신적 분위기가 넘치게 할 것

지도자는 *명령의 이원성*, *잘못 규정된 권한*, *부당한 비난* 등이 야기시킬 수 있는 분열의 씨앗을 떨쳐버림으로써 조직구성원들의 *단합*에 크게 기여할 수 있을 것이다.

지도자는 그의 부하들에게, 한편으로는 은근한 감시로 말미암아 지위신분이 제약받음으로써 있을 수 있는 몇몇 결함을 무릅쓰고서라도, 그들의 위치와 능력이 갖는 커다란 행동의 폭을 부여하면서 그들의 *자발성*(initiative)을 유발할 수 있다. 그들은 교체하지 않고 은근하게 유도하면서 때때로 칭찬을 하여 사기를 북돋워주기도 하고, 가끔은 자존심을 손상시켜가면서, 지도자는 정말 천부적 재질이 있는 사람들을 엘리트 종업원으로 아주 재빨리 바꾸어 놓을 수 있다.

똑같은 자발성 고취가 조직의 모든 계층에서 이루어지고 있는

가를 살피면서, 전 구성원들을 상당히 빠른 속도로 질적 수준에서 향상시킬 수 있으며, 또한 기업에 아주 큰 기여를 할 수 있을 것이다.

반대로, 즐겁도록 해주는 환대와 경멸조로 해주는 환대, 모든 제안에 대한 거절 또는 기약 없는 연기는 자발성과 헌신의 근원을 곧 끊어지게 만드는 것이다.

능란하거나 서투른 통제관리로 좋게 또는 나쁘게 인사조치를 단행하는 데 있어서 너무 많은 시간이 소요되어서는 안 된다.

여러 가지 많은 조언들이 앞의 것들에 첨가될 수 있을 것이다. 그것은 경험이 경영관리자의 과업을 수월하게 할 수 있음을 알려주는 방법의 수만큼이나 많다. 훌륭한 연장이 명인을 낳지 못한다는 사실을 잊어서는 안 될 것이다.

4. 조 정

*조정한다*는 것은 바로 기업의 순조로운 기능과 *성공*을 용이하게끔 하는, 기업의 모든 행위들(actes)간에 조화를 이루게 하는 것이다.

이는 곧 조직이 자기의 역할을 확실하고도 경제적으로 수행할 수 있도록 각 직능별 물적 조직과 사회적 조직에 대하여 적절한 균형(proportions)을 부여하는 것이다.

그것은 어떤 업무(opération)에 있어서 — 기술적, 영업적, 재무적 또는 기타 — 그 업무가 기업의 모든 직능들에 대하여 지게 되는 책무와 결과를 고려하는 것이다.

그것은 재원(財源)에 대한 지출, 제조에 필요한 건물과 공구의 넉넉함, 수요에 대한 공급, 생산에 대한 판매를 균형 잡아주는 것이다.

그것은 집을 너무 크지도 않게 그리고 너무 작지도 않게 짓는 것이고, 사용하기에 적합한 공구를, 차에 맞는 길을, 위험에 대비한 안전절차를 마련하는 것이다.

그것은 또한 일의 앞과 뒤를 구분하는 것이다.

요컨대, 그것은 일과 행위들에 대하여 균형을 부여하는 것이고, 목표에 수단들을 적합시키는 것이다.

조정이 잘 된 기업에 있어서는 다음과 같은 사실들을 확인하게 된다.

첫째, 각 부서가 다른 부서들과 조화롭게 움직여간다. 특히 재고담당부서는 어느 순간에 무엇을 조달해야 하는지를 안다. 생산부서는 자기네들에게 기대하는 바가 무엇인지를 안다. 설비보전부서는 자재와 공구를 양호한 상태로 유지한다. 재무부서는 필요한 자본들을 조달해 준다. 보호안전부서는 재산과 인명의 보호를 보장한다. 모든 활동들이 질서 및 확신과 함께 집행된다.

둘째, 각 부서에서는 부문들과 그 하위부문들이 공동으로 해야 할 일들 가운데에서 그들 각자가 맡아야 할 몫과 그들이 마땅히 취해야 할 공조체제에 대하여 정확하게 알고 있다.

셋째, 각 부서의 여러 부문과 그 하위부문들의 진행계획은 상황들과 끊임없이 조화를 이루고 있다.

그러한 결과는 지혜롭고 능숙하며 적극적인 통제관리(direction)

를 필요로 하는 것이다. 어떤 기업에서는 하나의 명백한 공조불능(incoordination)의 징조들을 발견할 수 있기 때문에, 이상과 같은 세 가지 조건은 늘 충족된 것은 아니라는 사실을 상기해야 한다.

넷째, 각 부서는 다른 부서들을 모르거나 모른 체 하려 한다. 각 부서가 이웃부서나 기업 전체를 생각하지 않은 채, 그 자체로서 존재목적과 존재이유를 가진 것처럼 나아간다.

다섯째, 여러 다른 부서들 사이처럼 부문들 간에 그리고 같은 부서의 사무실 간에 방수격벽(防水隔壁)이 존재한다. 각 부서가 몰두하는 바는 개인의 책임을 문서나 명령 또는 회람공문 뒤에 다 숨겨두려는 것이다.

여섯째, 아무도 전체 이익을 생각하지 않는다. 자발성과 헌신하려는 정신이 없다.

기업으로 봐서는 불행한 그러한 인사조치는 사전에 곰곰이 생각한 의도된 결과는 아니다. 그것은 조정의 과정이 전혀 없었거나 불충분했던 결과이다.

훌륭한 인재가 만약 기업에 있어서 조직기구의 모든 구성원에 대한 의무에 관하여 끊임없이 생각하지 않게 되면 곧장 무디어져간다.

구성원들로 하여금 숨 돌릴 겨를도 주지 않고 그의 본분을 용이하게 수행할 수 있게 하는 가장 훌륭한 방법 가운데 하나는 *부서장들의 회의*인 것이다.

부서장들의 주례회의(週例會議) — 부서장들의 회의는 경영층에게 기업의 운영에 관하여 정보를 제공해 주고, 여러 부서들이 그들끼리 해야 할 협조를 정확히 하며, 공동이해에 대한 여러 가지 문제들을 해결하기 위하여 책임자들이 회의에 참석하는 기회를 이용하는 것이 목적이다.

그러한 회의에서는 기업의 실행방안을 도출해 내려는 것이 아니라, 일들이 진행되어감에 따라서 그 계획의 실현을 용이하게 해주려는 것이다. 회의에서 논의되는 사항은 행동의 통일과 노력의 일체화를 도모하려는 단기간에 관한 것에만 — 보통 일주일간 — 한정된다.

그러면 훌륭한 결과들을 낳았던 광산업 및 제철산업분야의 한 대기업의 여러 계열사에서 이 주제와 관련한 실제 예를 보도록 하자.

각 계열사에서 — 광산 또는 공장 — 모든 부서의 장들은 사장의 주재 하에 정해진 날짜에 일주일에 한 번씩 모임을 갖는다.

각 부서장은 자기 차례가 되면 자기 부서의 현황, 직면하고 있는 어려움들, 그가 요청하려는 지원과 그가 제안하는 해결방안들을 밝힌다. 사장은 회의석상에서 제기되거나 자신이 제기하는 문제점들에 대하여 모든 사람들이 견해를 제시하도록 촉구한다.

토의가 끝나고 나면 의사결정이 이루어진다. 만약 그냥 지나쳐 버릴 경우, 어떤 문제도 의사일정에서 해결의 실마리를 찾지 못할 것이다.

회의 때마다의 의사록(procès-verbal)이 작성되고, 다음 회의가 시작될 때 낭독이 된다. 이 의사록은 일반적으로 부서장들 외에 선임된 간사에 의해서 기록된다.

만약 사장이 참석할 수 없을지라도 회의는 항상 정해진 날짜에 열리게 되며 그런 경우엔 사장 대신에 미리 지명된 대리인이 참석한다.

회의(conférence)에서는 생산관리자들, 재고담당관리자, 판매관리자, 설비유지관리자, 신제품제작관리자들 등이 한자리에서 대면케 된다.

이와 같이 능력 있는 사람들이 한자리에 모임으로서 사장은 각 문제를 검토함에 있어서, 달리는 얻어낼 수가 없는 풍부한 정보와 정확성 및 신속성을 누릴 수가 있다. 비교적 짧은 시간에 — 한 시간 정도 — 사장은 기업운영의 전반적 상황에 대하여 알게 된다. 그는 동시에 여러 부서들의 관심을 갖게 하는 의사결정을 취할 수 있고 여러 부서가 취해야 할 협조체제를 명확히 할 수 있다 — 각 부서장은 일주일쯤 후에 그가 해야 할 일에 대하여 보고하러 올 생각과 함께, 그가 해야 할 일이 무엇인가를 알고서 물러나오게 된다.

이러한 응집력은 열 배 이상의 시간과 노력을 기울여도 회의 없이는 얻어질 수가 없을 것이다.

사장 역시도 일반적으로 이 소중한 회의에 대하여 큰 배려를 하고 있다. 그는 사전에 다루어지게 될 문제들을 메모하면서 회의를 준비하고, 의사록 작성에 대해서도 살피게 된다. 그는 회의에서의 논의가 항상 모든 사람에게 정중하고 흥미로울 수 있도록 노력한다.

잘 진행된 회의는 항상 유익한 것이다. 그러나 회의가 잘 진행되려면 약간의 재능(talent)이 요구되고, 그렇지 못하면 회의는 생기가 없고, 지루하며, 보람이 없게 된다. 마찬가지로, 모든 일이 회의에서 좋은 결실을 얻어내는 사장은 그렇지 못한 사람에 비하여 수준이 매우 높다.

내가 경험한 바로는 몇 백 명 또는 몇 천 명을 고용하는 광산 및 제철업 회사들에서는 일주일에 한번씩 개최하는(coordination) 회의로 충분하다. 앞의 회사들과 같은 규모의 종업원들을 수용하는 모든 성격의 기업들에 대한 조정에도 주례회의(週例會議)가 적당하다는 것을 확신한다.

조정이라는 관점에서 보면, *부서장들의 주례회의는* 아주 큰 대규모 조직에, 정부의 각 부처 및 정부 전체에 요구된다고 생각된다.

나는 이러한 것들을 모든 기업들에 대해서 의무화시키고 싶다.

중간관리자들 — 그러나 회의가 순조롭게 열릴 수 있도록, 거래상의 문제나 기타 사항들이 부서장들의 모임에 방해가 되지 않도록 한다.

단지 어려움이 있다면, 회의 개최시기에 간격을 둘 수 있다. 만약 불가능하다면 *중간 관리자들*(agents de liaison)이 가능한 범위 내에서 대신 참석하도록 해야 한다.

중간관리자에 대한 최선책은 사장이 모든 부서장들에게 차례로 그 자리를 맡게 해주는 것이다. 그러나 일반적으로 그가 맡은 고유 업무에 대한 책무가 그러한 자리이동을 자진해서 할 수 있게 해주질 못한다.

그러므로 다른 사람에게 의뢰해야 한다. 여건에 따라서 수준 높은 자질을 가진 사람일 수도 있고, 보통사람일 수도 있을 것이다.

중간관리자들은 일반적으로 우리가 이미 앞서 그 권한과 기능에 대해 고찰해 본 바 있는 참모진의 일부를 이루게 되는 것이다.

서로 구별되어 있으면서도 다소 멀리 떨어져 있는 계열사들로 이루어진 대기업에 있어서 조정은 기업전반을 살피는 전반 통제관리(direction générale)와 각 계열사들의 번영발전에 적용되는 지방통제관리(directions locales)와의 조화된 행동에 의해서 가능해진다.

아마 단일사(單一社)의 경우에 있어서도 역시 회의가 발휘하는 위력을 유익하게 활용하는 것이 중요하다.

대규모기업에 있어서의 물적 또는 사회적 조직기구의 여러 부문들 간에, 기술적 권능(puissance), 영업적 권능 및 재무적 권능 사이에 여러 가지 다양한 업무들 간에 조화・통일이 이루어지도록 하려면, 하나의 훌륭한 방안과 하나의 훌륭한 조직뿐만 아니라, 모든 순간에 있어서의 조정 또한 필요한 것이다. 작용되는 모든 힘들이 균형을 이루도록 해야 한다. 기업 전반의 운영이 단 한 가지 사항에 대하여 취해진 조처로 말미암아 흔들리는 것은 피해야 한다.

통제관리의 통일(unité de direction)과 노력의 일치화를 도모하기 위해서, 그리고 공동의 목표를 추구하도록 요청받은 여러 다양한 부서장들을 자발적인 협조로 이끌기 위해서는 어떠한 방식도 회의보다 우위에 있을 수 없다. 고위간부가 참석한 가운데 모든 부서의 책임자들이 서로 설명하고 서로 이해할 수 있을 때에 부서들 간에 존재하는 방수격벽(防水隔壁)은 사라질 것이다.

*부서장들의 회의*는, 조정을 위한 것이고 *실행방안*이 기획(prévoyance)을 위한 것이라는 사실이며, *인적구성*에 대한 일람표들은 사회적 조직을 위한 것, 다시 말해서 하나의 자료이면서 필수적인 도구라는 사실인 것이다. 만약 그런 지표가 없다면, 직능이 잘못 수행될 가능성이 크다는 것이다. 물론 그러한 지표가 조직의 훌륭한 기능을 절대적으로 보장해 주는 것은 아니다. 더구나 책임자는 그 도구를 어떻게 사용하는지를 알아야만 한다. 그러한 도구들을 다루는 솜씨(art)는 경영관리자의 자질 가운데 하나인 것이다.

5. 통 제

한 기업에 있어서의 *통제*(contrôle)란 모든 것이 구상한 방안, 주어진 명령 그리고 채택한 원칙에 맞게 제대로 되고 있는지를 확인하는 것이다.

통제는 결함과 오류들을 보완·수정하고 재발을 피할 수 있도록 하기 위하여 그것들을 미리 알려주는 것을 목적으로 한다.

통제는 모든 것에, 모든 일에, 모든 사람들에게, 그리고 모든 행위에 다 적용되는 것이다. *경영관리적*(administratif)인 관점에서 볼 때, 방안이 있고, 방안이 적용되고, 드러나 보이게 하며, 사회적 조직기구가 충원이 되고, 인사구성 일람표들이 통용되며,

지휘명령이 원리에 따라 집행되고, 또 조정회의가 열리는지 등등을 확인해야 한다.

영업적(commercial)인 관점에서 볼 때는, 물품들이 들어오고 나감이 양적인 면, 질적인 면, 그리고 가격 면에서 정확하게 평가되었는지, 계약들은 잘 지켜졌는지 등을 확인하여야만 한다.

기술적(technique)인 관점에서 보면 업무의 진행, 그 결과, 불규칙성, 유지보전 상태, 종업원과 기계의 기능여부 등을 관찰해야 한다.

재무적(financier)인 관점에서 볼 때, 통제는 장부와 현금출납, 재원과 부족분, 자금의 사용 등에 이르게 된다.

보호안전(sécurité)의 관점에서 보면, 재산과 인명을 보호하기 위하여 채택한 수단들이 양호한 기능상태에 있는지를 확인해야 한다.

마지막으로 *회계적*(comptabilité) 관점에서 보면, 필요한 참고서류들(documents)이 신속하게 도착하는지, 그러한 서류들이 기업상황에 대한 분명한 전망을 제시해 주고 있는지, 통제가 장부 속에서, 통계와 도표 속에서 확인을 위한 훌륭한 요소들을 찾고 있는지, 그리고 유익하지 못한 서류나 통계는 없는지를 알아보아야 한다.

이 모든 업무들은, 그것들이 기업경영자와 위계화된 자기 부하들에 의해서 잘 집행될 수 있는, 한 *감독*(surveillance)의 관할에 속하는 것이다. 예를 들어 제철업 분야의 한 기업에 있어서 공장으로 들어가는 광석은 기술부서에 의한 수납대상인 것이고, 생산된 제품들은 판매에 들어가기 전에 영업부서의 통제를 받게 된다. 각 부서는 자기네 부서 종업원들을 감독하고, 고위층 관리들은 모든 것을 다 살피게 되는 것이다.

그러나 통제의 어떤 업무들이 숫적으로 너무 많아지거나 너무 복잡해지든가 아니면 여러 부서들의 일반 종업원들이 해낼 수 있기에는 너무나 광범위한 경우, *통제관*(contrôleur) 또는 *검사관*(inspecteur)이라는 명칭을 갖는 특별한 직무수행자들에게 도움을 요청해야 한다.

나는 여기서 오로지 경영관리를 연구함에 있어, 상이한 두 개의 기업간에 이루어지고, 일반적으로 물품의 수납에 관계하면서 영업부서의 영역에 속하는 통제(contrôle)에만 국한시켜 언급하지는 않겠다. 나는 특별히 각 부서의, 전반적으로는 기업의, 훌륭한 운영을 목적으로 하는 내부적 통제(contrôle intérieur)에 주목하려는 것이다.

통제가 효과적으로 되려면 적절한 시기에 이루어져야 하고 제재가 뒤따라야 한다.

설령, 통제가 잘 이루어졌다고 하더라도 그 결과들이 제대로 이용되기에는 너무 늦은 감이 있다면, 그 통제는 소용없는 무익한 작업이 되고 말 것이라는 것은 너무 명백하다.

만약 나타나는 실질적 결과들이 의도적으로 무시되어 버린 것이라면, 그 통제가 소용없는 것이라고 하기에는 조금은 무리가 있다고 하겠다. 훌륭한 경영관리는 이러한 오류들이 난무하도록 그냥 내버려두질 않는다.

피해야 할 또 하나의 위험은 관리와 업무의 집행에 대한 통제의 개입인 것이다.

그러한 영역침해는 가장 경계하여야 할 *통제관리의 이중성*(dualité de direction)을 낳게 되는 것이다. 즉, 한편으로는 책임지지 못할 그러면서 넓은 범위에 걸쳐 가끔 방해도 할 수 있는 권한을 갖춘 통제이기도 하고, 다른 한편으로는 악의적으로 이루어지는 통제에 대한 나약한 방어수단밖에 갖지 못하는 집행적 업무인 것이다. 통제의 영역 침해경향은 특히 대기업의 경우에 아주 빈번히 그래서 가장 중대한 결과들을 가져올 수도 있다. 이를 극복하기 위해서는 우선적으로 넘어서지 말아야 할 경계를 분명히 제시하면서 통제의 권한들을 가능한 한 정치(情致)한 방법으로 규정해 두어야 한다. 그 다음으로 최고위층은 통제권력(pouvoirs)의 사용이 제대로 이루어지는지를 반드시 살펴보아야 한다.

통제가 이루어져야 하는 목적과 그 조건들을 인식할 때에 우리는 훌륭한 통제자(bon contrôleur)는 유능해야 하고 공평무사해야 한다는 사실을 추론할 수 있다.

통제자의 *능력*(compétence)은 굳이 나타내 보일 필요가 없다. 한 사물의 품질, 제조방법의 가치, 문서의 명료성, 지휘명령의 수단들을 평가하기 위해서는, 각각의 경우에 있어서 분명히 적절한 능력이 갖추어져 있어야 한다.

공평무사함(impartialité)은 통제당하는 사람에 대한 통제자의 올바른 양심과 완전한 독립성에 바탕을 두고 있다. 통제자가 어떤 정도로든지 피통제자에 대하여 의존적이고, 또한 마찬가지로 둘 사이에 너무 긴밀한 이해관계나 혈연관계 또는 우정관계가 존재할 경우에 통제는 무위로 끝나버린다.

그와 함께 통제자가 갖추어야 할 주요조건들로는 능력, 의무감, 피통제자에 대한 독립성, 판단력 및 기민함 등이다.

정말이지, 통제는 통제관리(direction)의 소중한 보조수단인 것이다. 통제는 계층별로 이루어지는 감독이 통제관리에 대하여 가끔 제공할 수 없는 어떤 필요한 정보들을 제공해 줄 수가 있다. 통제는 모든 것에 대하여 이루어지는 것이고, 통제는 효과적으로 운용되는 통제관리에 따라 좌우된다. 하나의 훌륭한 통제는 비극적 종말로 전락할 수 있는 뜻밖의 일들을 미리 예방하여 준다.

어떠한 업무에 대해서든지 간에 "통제는 어떻게 이루어지는가?"와 같은 그러한 질문에 항상 답할 수 있는 것이 좋다.

모든 성격의 업무와 모든 계층의 구성원들에 대하여 적용함에 있어서, 통제는 수천 가지의 다양한 방법으로 이루어지는 것이다. 여타의 *경영관리*(administration) 요소들과 마찬가지로 — 기획, 조직화, 지휘명령 및 조정 — 통제는 항상 지속적인 주의력과 흔히 많은 기술(art)을 요한다. 이 연구의 제3부에서 몇 가지 예를 들어 보일 기회가 있을 것이다.

마무리하면서 ………[10]

이 연구의 제 1 부에서 경영관리교육의 필요성과 가능성을 밝혀보려고 하였다.

제 2 부에서는 그러한 교육이 어떻게 이루어질 수 있는가를 제시해 보았다.

제 3 부에서는 내가 산업현장의 오랜 경험에서, 이 책의 재료를 어떻게 긁어모았는지를 보여주고자 한다.

제 4 부에서는 경영관리교육의 유용성에 대한 새로운 증거에 관해서 최근의 사실들을 인용해 보고자 한다.[11]

10) 역자가 붙인 제목- 제목 없이, 이미 이 책의 내용을 이루는 1, 2부에 대한 간략한 소개와 앞으로 쓰게 될 3, 4부의 내용을 미리 소개하는 글이다.

11) 편집인 주(N.D.E : Notes de L'Editeur) : 이미 앞에서 알린 바와 같이, 제3부와 제4부는 결국 씌어지질 못했다.

산업체구성원들에게 필요한 다양한 능력들의 상대적 중요성

〈표-3〉 대기업의 기술직 직능종사자들에게 필요한 능력

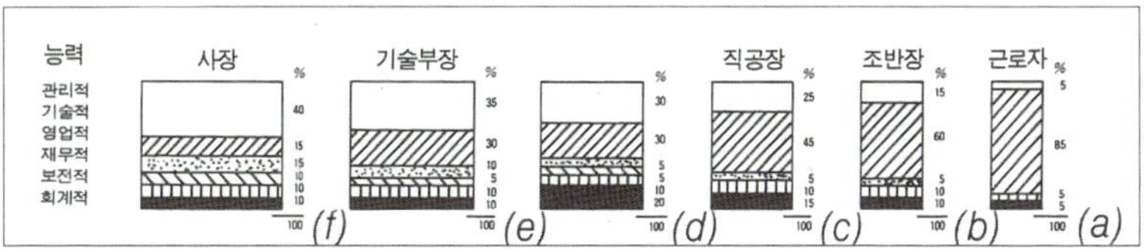

〈표-4〉 모든 규모 산업체의 경영자들에게 필요한 능력

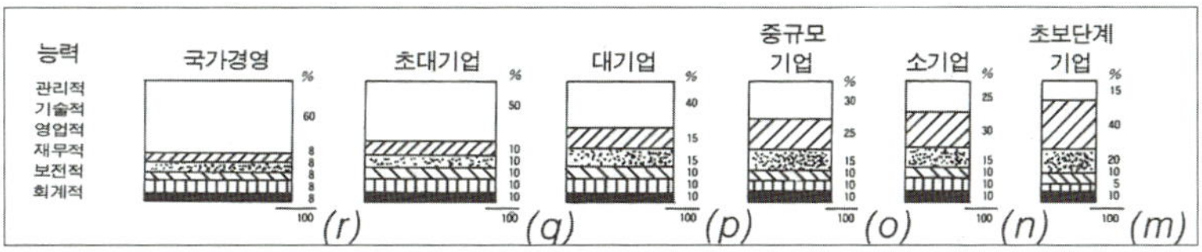

〈표-5〉 제철업분야 대기업의 여러 분야 구성원들에게 필요한 다양한 능력들의 상대적 중요성

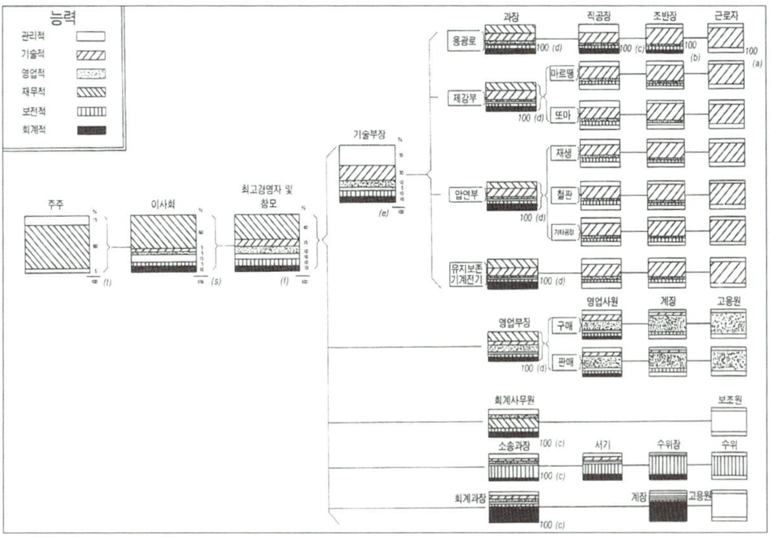

부 록

국제 광산 및 제철 학술회의 폐회식에서 행한 **앙리 파욜과 아똥들 라 구삐에르 씨의 연설문**(1900년 6월 23일)

회장 – 여러분, 우리는 지금 광산뿐만 아니라 제철분야의 분과회의들을 끝냈습니다. 여러분께서 보셨듯이, 분과회의들의 주제가 아주 풍부하고 흥미로웠습니다. 지금은 개막일과 같이 모두가 한자리에 모였습니다. 우리는 우리 모두에게 같은 주제로 관심을 끄는 문제를 내세워보자는 데 합의했다고 생각합니다. 그러한 주제에 대해서 앙리 파욜 씨께 말씀하실 기회를 드리게 된 것을 기쁘게 생각합니다.

파욜 – 여러분, 엊그제 건배시간에, 우리는 학문분야와 실무분야에서 최고권위를 자랑하는 분들이, 우리의 두 대규모산업(광산 및 제철) 분야의 괄목한 만한 진보와 전 세계의 엔지니어들 간의 교류가 이러한 진보에 미치는 좋은 영향에 관하여 말씀하시는 것을 들을 수 있는 기쁜 시간들을 가졌었습니다. 아르제(Harzé) 씨는 우리들 사이에 형성된 그러한 친밀한 관계를 말씀하시면서 일종의 *기술적* 프리메이슨(역주 ; francmaçonnerie : 같은 사상 · 직업을 가진 사람들 간의 결속단체)으로 특정 지웠습니다.

여러분, 저는 *기술적*이라는 어휘를 강조합니다. 왜냐하면 실제로 이 학술회의에서 있었던 지적 교류들은 거의 독점적으로 기술적인 것이었습니다. 우리의 영업적, 재무적 그리고 경영관리적 관심사들에 대한 어떠한 반향도 확산되질 못했었습니다. 그렇지만 이 학술회의에는 특별히 이 문제에 관하여 능력을 지니신 분들이 많이 참석해 주셨습니다. 아무도, 몇 년 전부터 기업연합(ententes), 노동조합(syndicats), 해외지사(comptoirs), 트러스트(trusts)라는 이름으로, 산업계에서 대단한 중요성을 지니게 된 상업단체들에 관해서 언급하질 않았다는 것은 참으로 유감스러운 일입니다.

그러나 저는 바로 제가 여러분의 관심을 불러 모으고자 하는 *경영관리*의 문제로 되돌아가고자 합니다. 왜냐하면 기술분야에서 그렇게 유용하게 활용하고 있는 상호교수(역주 ; enseignement mutuel-교수지도 밑에 학생끼리 수업하는 제도)제도가, 제가 보기에는 경영관리분야에서는 큰 기여를 못하고 있다는 것입니다.

기술업무와 영업업무는 상당히 잘 규정되어 있습니다. 그러나 경영관리 업무는 그렇지가 못합니다. 그 구성과 권한부여에 대해서 잘 모르고 있습니다. 일들이 갈팡질팡 갈피를 잡지 못합니다. 어떻게 건립하고, 제조하며, 팔고, 사는지 그 관리하는 걸 보지 못 합니다… 그렇지만 모두가 경영관리가 잘못되면 기업이 위험한 지경에 빠진다는 사실을 알고 있습니다.

경영관리의 직능은 다각적으로 수행됩니다 :

경영관리업무를 맡은 사람은, 기업이 창설되고 존립해 나가는 과정에서 재무적, 영업적, 기술적 조건들을 예측하고 준비하는 것입니다. 그는 조직구성원의 조직화, 채용 및 직능수행을 주관하게 됩니다.

경영관리는 기업 내부에서의 모든 부문들의 관계와 기업과 외부와의 관계를 원활히 해주는 도구인 것입니다.

불충분하기는 하지만, 이러한 예거는 경영관리 업무의 중요성에 대한 아이디어를 제공해 주는 것입니다. 구성원들에 대한 직책부여만 가지고도 거의 대부분의 경우에 있어서 경영관리 업무에 대하여 최고의 자리를 부여하기에 충분합니다. 아무리 한 기업이 가장 완벽한 기계설비와 가공공정을 갖추었다 하더라도, 만약 형편없는 사람들의 손에 맡겨져 있다면 그 기업은 실패하고 만다는 것을 누군들 모르겠습니까?

그 행동양식을 제시해 보기 위해서, 나는 생리학에 견주어서 설명해 보고자 합니다 :

한 산업체의 경영관리 업무처럼, 사람의 신경계는 외관으로 관찰하는 사람에게는 보이질 않습니다. 그 활동들이 분명치가 않기는 하지만 신경계가 작용하지 않으면, 비록 근육이 고유의

에너지를 가지고 있다손 치더라도 수축활동이 범추게 됩니다. 그 활동이 없으면 인간의 육체는 하나의 무기력한 덩어리가 되고, 모든 기관이 급속하게 쇠퇴하고 맙니다. 모든 기관에서 그리고 각 기관의 모든 부위에서 신경계가 존재하며 활동합니다. 세포와 신경섬유들에 의해서, 신경계는 감각을 받아들여서 우선 하위중추, 반사중추로 전달하고 이어서 경우에 따라 뇌에 전달합니다. 계속해서 이 중추들 또는 뇌로부터, 반대의 통로를 따라 운동을 해야 하는 근육에 도달하는 순서로 이루어집니다.

산업체 또한 반사행위 또는 최고위층의 즉각적인 개입 없이도 이행되는 신경절들도 있는 것입니다. 그렇지만 일반적으로 외부 또는 기업의 다른 구성원과 접촉하고 있는 구성원이 제공하는 정보・자료는, 그것을 검토하고 의사결정을 하며 역(逆)의 통로를 따라 실무자에게 도달하는 명령을 내리기도 하는 경영층에까지 가게 됩니다. 경영관리 부서의 직능은 이와 같은 것입니다. 모든 구성원들이 다소간에 다 관여하게 되는 것입니다.

한 대규모 산업체에 쏟은 백 시간 중에서, 현장근로자들은 경영관리적 문제들에 대해서 몇 시간만을 쓰게 됩니다. 조반장에게 전달된 여러 가지 정보들, 급여에 대한 논의, 작업시간과 조직화, 구제자금, 노동조합의 회합에 쏟은 시간 등 …

명령을 받고 전달하며 업무수행을 하고, 자신 스스로가 관찰을 하며 견해를 밝히기도 하는 근로자들이 관찰한 바를 받아들이고 전달하는 조반장, 내가 얘기하는 그 조반장은 보다 많은 시간을 경영관리 업무에 쏟습니다.

경영관리 업무에 소요된 시간은 산업체 조직위계 안에서 한 구성원이 차지하는 직위가 높을수록 많아집니다. 질서, 기획, 기강확립, 조직화, 채용 및 현장근로자와 조반장에 대한 교육의 문제들은 벌써 일반 엔지니어에게는 중요한 관심사들인 것입니다.

이러한 관심사들에다가, 사장의 경우에는 영업 및 재무적 문제들, 정부와의 관계 등이 더 추가되게 됩니다. 계속하다보면 기술적 문제들에 기울이는 시간들은 점점 줄어들게 되고 아주 큰 대규모 기업의 사장에게는 거의 무의미하게 됩니다.

나는 영업부 사원들, 재무부서 또는 기타 모든 부서의 사원들에 대해서는 아무 말도 않겠습니다. 그들의 전문성 외에, 그러한 여러 유형의 사원들은 경영관리 업무에 있어서 기술부서의 사원들과 닮은 그러한 역할을 수행합니다.

그러니까 한 기업의 모든 구성원들이 다소간에 경영관리에 참여하는 것입니다. 결과적으로 모두가 경영관리적 재능들을 발휘하고 그것들을 구별해 볼 기회를 가지게 됩니다. 우리는 가끔 초보적인 교육을 받기는 했지만 특별히 뛰어난 그런 구성원들이 산업체나 노동조합의 조직위계의 최하위에서 최상위로 진출하는 것을 보게 됩니다.

그러나 공업계 학교를 졸업하고 일찍이 엔지니어의 직능을 수행하는 젊은이들은 경영관리 교육을 하거나 또는 그들의 적성을 보여주기에 특별히 용이하도록 돼 있는 것입니다. 왜냐하면, 산업활동의 다른 모든 분야에서처럼, 경영관리에서는 그 공로의 평가는 수행한 업무의 내용에 따라 이루어집니다.

모든 기업에서와 마찬가지로 광산이나 공장에서 경영관리에 다소간 관여하는 사람들은 수없이 많은 것입니다. 나는 바로 그들, 특별히 엔지니어들에게 기술적인 문제들과 관련하여 이루어지는 정보교환과 유사한 경영관리적 정보교환들을 요청하는 바입니다.

인간의 육체적, 정신적 그리고 지능적으로 타고난 재능의 올바른 이용은 인류의 행복을 위해 풍부한 광물의 훌륭한 이용보다 못하지 않은 것입니다. 고명하신 우리 회장님의 표현대로, 물질을 다스리는 방법을 열심히 모색하면서, 우리는 우리의 스스로를 다스리고, 경영관리메커니즘의 조직화와 기능이 가능하면 완벽하게 이루어지도록 하는 법칙들을 찾아내고 적용하려는 궁리를 해야 합니다.

우리는 왜, 우리 모두의 이익을 위해서 우리들이 했던 관찰결과, 우리의 경험, 우리의 연구(결과)들을 한데 모으지 못하는 것입니까? *건축자재의 시험방법*에 대한 연구를 위해 아주 유용하게 기능하고 있는 국제적인 위원회들이 있습니다. 산업체 대구성원들이 보다 훌륭한 준비 및 시험방법에 관한 연구에 대하여 염려를 조금만 해도 되지 않을는지요?

유익한 정보교환을 위해서, 대규모의 사업단위체 전부를 그럴싸하게 포함시킬 필요는 없습니다. 기술적 범주에서와 같이 경영관리적 범주에 있어서 그런 류의 작업은 아주 소수의 사람들만으로도 할 수 있습니다. 그러나 가장 소규모의 정보교환이라 하더라도 항상 전혀 흥미가 없는 것은 아닙니다. 그리고 우리가 훌륭한 근로자들, 훌륭한 조반장들, 훌륭한 엔지니어들, 훌륭한 고위층 경영관리자들을 확보하기 위해서 사용한 방법들에 대하여 우리 스스로에게 할 말이 얼마나 많습니까?… 경영관리적 기구를 위해 채택한 조치들, 그 기구를 작동시키는 다양한 방법들에 대해서는 얼마나 할 말이 많습니까? 이것이 바로 기술분야에다 경영관리 분야를 덧붙일 것을 요청하면서 아르제(Harzé)씨의 프리메이슨단에다 추천하고픈 프로그램입니다, 제가 그와 같은 일에 공헌할 것을 약속드립니다.

잠시, 우리 두 대기업의 최고경영층에 관심을 끄는 채용문제에 대하여, 여러분들의 주의를 환기시키고자 합니다 : 엔지니어 교육에 있어서 이론을 실무에다 조화시킬 필요성에 대해서 합의점에 도달하게 됩니다. 그러나 의견을 달리할 수 있겠지만 그것은 정도의 문제인 것입니다. 일부 어떤 사람들은 공업계 그랑제꼴의 입학시험과 강의를 부담스럽게 할 생각만 끊임없이 합니다. 또 다른 이들은 필요한 이론교육의 한계를 이미 지나쳐 버렸으며, 실제 생활에 보다 훌륭하게 쓰임 받을 우리의 젊은 엘리트들에게 소용없이 1~2년간을 허비케 만들고 있다고 생각합니다. 저는 후자 쪽을 생각하고 있습니다.

분명코 과학적인 학업에 대한 열성과 열정을 늦추자는 것은 아니며, 그것과는 거리가 먼 것입니다. 나는 오히려 정부가 학자들을 상당히 후하게 대우해 주지 못한다는 사실을 발견하게 되며, 저는 산업계가 연구소를 개선시키고 학자들에게 물질적인 근심은 하지 않게끔 해주기 위해서 필요한 보조를 해줌으로써, 기업은 스스로 명예로워지고 견실해진다고 생각합니다. 이러한 운동이 우리나라에서 곧 이뤄지길 바랍니다.

그러나 우리 엔지니어들 각자가 학자이기를 바라지는 않으며, 그러한 프로그램들이 끊임없이 증대되어가는 식으로 해서, 겨냥

했던 목표가 정말 이런 것인 양 여겨질 것입니다. 여러분들은 우리 두 산업계 내에서 예컨대 고등수학을 하는 유용성이 무엇인지 알고 싶으십니까? 말하자면 아무데고 쓸 데가 없습니다. 제가 벌써 오랜 경력을 쌓은 후, 제 자신에게서 그걸 확인했을 때, 제가 예외를 만든 것은 아닌지 자문해 보았습니다, 저는 여러 가지 자료들을 얻어냈고 그것은 하나의 일반규칙임을 알게 되었습니다. 엔지니어들은 그들의 직능을 수행함에 있어서 고등수학을 사용하지 않으며, 사장들은 더더욱 그러합니다.

물론 수학을 배워야 합니다. 그러나 어느 정도로 배우느냐가 문제입니다. 제기되고 있는 문제와 지금까지 거의 항상 선생님들만이 해결해야 했었던 문제가 그러한 것입니다. 그런데 그러한 점에 있어서 저에게는 교사들이 두려운 존재로 보였고, 그들이 보다 학자답고 보다 열심인 경우에는 더욱 그러했습니다. 그들은 그들의 모든 학식을 전달하려 했고, 학생들은 항상 학교를 너무 일찍 떠나려 한다는 것을 발견하는 것입니다. 그 때문에 소용없는 많은 노력을, 많은 시간을 소모하고 있는 것입니다. 그리고 건강이 좋고 유연하며, 건방지지 않고, 제가 보건대는 공상이 가득해도 좋은 젊은이들을 필요로 하는 산업계가, 지치고, 육체적・정신적으로 빈사상태에 있으며, 사소한 일거리와 아주 쉽사리 해치울 수 있는 수고도 치를 준비가 덜 된 엔지니어들을 받아들이고 있습니다.

저는 교육과정에서 무익한 것들을 생략해 버림으로써 젊은 엔지니어들을 활동적이면서도 잘 예비된 채로 직장생활을 할 수 있게끔 해줄 수 있으리라 확신합니다.

수많은 지식과 많은 개인적 자질들을 기울여야 하는 경영관리는 특히 사람들을 다루는 기술인 것입니다. 그리고 이 기술에서는, 다른 분야와 마찬가지로, 대장장이가 되는 길은 곧 쇠를 벼러보는 일과 같은 이치가 적용됩니다. 이것이 바로 미래의 엔지니어들을 가능한 한 빨리 실생활로 내보내야 하는 이유들 중의 하나인 것입니다. 학교에 너무 오래 머물러 있는 것은 좋지 못한 측면들을 지니게 됩니다.

제 생각으로는, 이러한 문제의 처방에 있어서, 산업계가 재결권이 있는 투표권을 가져야 한다고 봅니다. 바로 산업계가 학교의 산출물을 이용하기 때문입니다.

모든 수요자와 마찬가지로, 산업계는 그들이 바라는 바를 알려야 할 권리를 가지는 것이며, 프랑스에서는 산업계를 대표하는 두 개의 기구, 즉 철공위원회(le Comité des Forges)와 탄광위원회(le Comité des Houilléres)를 매개체로 한다면 용이해질 것입니다.

여러분, 마지막으로, 제가 드리는 말씀의 목적을 상기시켜드리고자 합니다 : 엔지니어들이 지금부터 그들이 기술부서에서 그토록 성공적으로 실천해 온 상호교수제를 경영관리 부서에서 확대해 나갈 것이라는 사실입니다.

회장 — 여러분, 여러분의 박수갈채는 파욜 씨가 얼마만큼 정곡을 찔렀는지를 충분히 나타내 주고 있습니다. 하기야 저는 파욜 씨가 항상 정곡을 찌르는 것을 보아온 지 삼십 년이나 됩니다. 그렇지만 바라건대 저의 이의(observations)도 받아들여 주시리라 믿습니다. 왜냐하면 수학이 여기서 약간의 자기방어를 해야 한다고 생각하기 때문입니다.

여러분, 저는 저의 캐리어를 순수수학으로 시작했습니다. 이십 년 동안 저는 광산학교 또는 소르본느에서 기계공학을 위시하여 미적분을 가르쳤습니다. 광산학교에 관해서는 파욜씨 당신이 전개했던 그러한 생각에 젖어들기도 했습니다. 그래서 저는 학생들이 교육의 나머지 과정을 통과하는데 필요하다고 생각되는 모든 것을 세심하게 압축시킨 10개의 과(課)로 줄여서 아주 한정된 미적분 강의를 했습니다. 한참 뒤에, 저는 광산 및 기계관리를 맡게 되었습니다. 그래서 분석론 강의는 제가 했던 바와는 전혀 딴판으로 강의안을 개발해 줘야겠다고 믿었던 한 일류 수학자요, 너무나도 저명한 분(제가 누구를 두고 얘기하는지 광산학교 교수들은 잘 아시겠지만)에게 맡겨졌습니다. 그 이후로, 저 다음으로 강의를 맡은 분이 제시한 폭 넓은 강의를 존중하게 되었습니다. 그러나 파욜 씨가 말씀하신 것이 옳으며 젊은이들이 전념하는 분야에서 순수 수학을 줄이는 것이 맞는 말이라고 생각 합니다. 그렇지만 저는 여기서 저의 그러한 동의에 조심성을 부여하고자 합니다.

사실 엔지니어가 파욜 씨 주장대로 거의 아무것도 남지 않을 정도로 축소시킨 앞으로의 미적분 계산을 하는 상태로 둘 수만은 없고, 무엇보다도 먼저, 학생이 학교를 마칠 수 있게 해주어야 하며 가능하다면 어떤 경우에라도, 교육은 수학적 정확성으로 이루어지는 것이 필요한 것입니다.

그러나 여러분, 저는 특히 엔지니어 정신을 위해서 수학이 교육훈련과정에 있어서 아주 강력한 도구라고 생각합니다.

일단 한번 엔지니어 정신이 형성된 다음, 원하신다면 수학을 멀리해도 좋습니다만, 학생들이 위대한 엔지니어나 솜씨 좋은 관리자가 될 여지가 줄어들지는 않을 것입니다. 여러분이 수학교육을 취약하게 받도록 한 그 같은 사람은 결코 그 수준에는 다다르지 못할 것입니다.

이 점이 제가 저명하시고 존경하옵는 그러나 저와는 반대의사를 가지신 분의 훌륭한 연설에 대하여 가하고 싶은 정정 코멘트인 것입니다. 하기는 저는 파욜 씨에게 그가 가장 중요한 심의회, 즉 쌩떼띠엔느 광산학교의 심의회에 소속해 있기 때문에, 심의회 관점에 모든 가능한 영향력을 미칠 수 있는 위치에 있음을 상기시키고 싶습니다.

이 심의회에는 교수뿐만 아니라 많은 수의 대기업가들이 포함되어 있습니다. 산업의 중요성을 지니면서 강력한 영향력을 미칠 수 있는 파욜 씨보다 더 적절한 위치에 있는 사람을 찾기는 어려울 것입니다.

여러분, 파욜 씨의 제안은 다음 번 학술회의에 어울리는 것입니다. 그리고 장소를 옮기지 않고, 지금 저의 고귀한 이웃(동료)인 코초프스키(Kotsowsky) 교수의 제안으로 넘어갈 수 있을 것입니다. 그는 제가 사회를 볼 영광을 가졌던 제1광산분과회의에서, 매우 많은 박수갈채를 받았던 발표를 했었습니다. 그런데 그 발표가 너무 짧았다는 점이 단 하나의 흠이었습니다. 우리는 제가 짚고 넘어가자고 했던 제안 하나를 다시 다루기로 하였습니다. 코초프스키 교수는, 모든 광산 국가들이 갱내(폭발) 가스문제를 열심히 해결해 보려고 하지만 한 나라에서는 보편화되면서도 다른 나라의 것들과는 일치되지 않는 특정 습관 내지는 특정 영향이 형성됨을 우리들에게 일깨워주었습니다. 갱내(폭발) 가스문제를 해결해 보려는 총체적 노력은 아마도 방법들 간에 약간의 대조를 해보는 데서 이 점을 발견할 수 있을 것입니다. 이러한 목적에서, 고귀하신 교수님께서 *갱내(폭발) 가스*에 대한 학술회의들이 정기적으로 열리는 것이 아주 유익할 것으로 생각한 것 같습니다.

그동안에 이루어졌던 것을 검토하기 위해서, 엔지니어들이 그처럼 일정기간마다 — 그가 3년으로 정했던 것으로 압니다만 — 모일 수가 있습니다.

그리고 이러한 아이디어의 상호교환이 이 문제의 진전에 많은 도움이 될 것입니다.

만약 코초프스키 교수가 그의 생각을 다시 피력하시고 싶으시다면, 제 자신이 하기 보다는 그가 더 잘할 것입니다.

앙리 파욜 연보

1841.7.29 : 이스탄불에서 태어남
1856 : 리용고등학교(Lycée de Lyon) 입학
1858 : 쌩떼티엔느 광산학교(Ecole des Mines de Saint-Etienne) 입학
1860 : 석탄개발 회사 Houillères de Commentry에 엔지니어로 입사(19세)
1866 : 주식회사 Commentry, Fourchambault et Décazeville 소속 광산의 부장으로 승진; 학술지 『Société de l'Industrie Minérale』에 광산학에 관한 기술적 과학적 연구논문들을 발표하기 시작함
1872 : Commentry, Montvicq et Berry 그룹의 총괄 경영자로 취임
1874 : 'Commentry 갱도의 버팀 지보에 관한 연구' 발표
1877 : '광산 수평갱도의 기획에 관한 연구' 발표
1878 : '갱도의 버팀 지보의 설치, 제거 및 재설치에 관한 연구' 발표
1879 : '대기에 노출된 석탄의 구조적 변화와 순간 연소에 관한 연구' 발표
1881 : 'Commentry 광산의 석탄 성분 측정에 대한 네 가지 지질학적 연구' 발표
1882 : '대규모 광산암반층 작업에 있어서 야간 작업조의 제거에 관한 연구' 발표
1885 : '광산개발에 기인한 지반 침하에 관한 연구' 발표
1886-1893 : Commentry 광산 지역의 지질학적 연구에 관한 5개 주제의 논문들을 발표한 다음, 3권의 저서로 출간함
1888 : 'Commentry 분지에 관한 델타이론 및 그 형성사에 관한 연구' 발표
1888 : Commentry-Chambault사의 총괄관리 이사로 취임, 프랑스 국가 훈장 레지옹도뇌르 Chevalier(기사 훈작)를 수여받음(47세)
1891 : Bressac 광산을 인수함
1892 : Décazeville 광산 및 작업장 인수

1900 : 동부 광산 지대의 Joudrevillc 광산 인수, 광산 및 철강에 관한 종합학술대회에서 경영관리에 관한 논문 발표

1908 : 광산학회 25주년 기념식에서 “경영관리에 대한 일반 원칙에 관한 담론”발표

1913 : 레지옹도뇌르 Officier를 수여받음

1916 : 학술지 『Société de l'Industrie Minérale』에 “Adminstration Industrielle et Générale”을 게재함

1917 : 국가 산업 부흥 학회에서 ‘기업운영에 있어서 관리 기능의 중요성’에 대한 논문 발표; 학술지 『Société des Ingénieurs Civils de France』(프랑스 토목공학회)에 ‘고등교육에 관한 담론’을 발표함

1918 : 학술지 『Cercle du Commerce et de l'Industrie』에 ‘공공 분야 서비스의 개혁’에 관한 논문 발표 ; 학술지 『La Technique Moderne』에 ‘산업에 있어서 적극적 경영관리’에 관하여 발표함 ; “Comambault”의 총괄경영관리자에서 은퇴함(그 직함은 그대로 유지); 경영관리 연구 센터 설립; 고등경영대학원(HEC: Haute Etude Commerciale) 교수로 임용됨

1919 : 학술지 『Société de l'Industrie Minérale』에 ‘국가의 산업화에 관한 연구’를 발표함

1920 : 고등전쟁학교 및 고등군사학 연구센터를 통하여 경영관리에 관한 교재들을 출간함

1921 : ‘전신전화 산업에 관한 관리적 개혁’에 관한 소책자 발간; 학술지 『Revue Politique et Parlementaire』에 ‘국가는 전신 전화 산업을 관리할 수 없다’를 발표함(이후에 책으로 출간됨)

1923 : 제2차 국제경영관리 학술대회에서 “국가 경영이론”에 대한 논문을 발표함

1925.11.19 : 빠리에서 향년 84세에 생을 마감.

역자후기

20세기 초에 현대적 의미의 경영학이 틀을 갖추면서부터 이른바 고전학파는 테일러(F. W. Taylor)를 중심으로 하는 과학적 관리론과 파욜(H. Fayol)의 경영관리론이 그 양대 산맥을 이룬다.

테일러가 과학적 관리를 중심으로 하는 공장관리(Shop management)에 치중했던 데에 반하여, 파욜은 조직관리를 중심으로 하는 경영관리 전반에 관하여 탁월한 식견을 체계적으로 제시하고 있다.

그래서 오늘날 쿤츠(H.Koontz)와 같은 경영학자는 "진정한 경영학의 아버지는 파욜이다."라고 선언한 바 있다. 그러한 앙리 파욜의 저서인 『산업 및 일반 경영관리론(Administration Industrielle et Générale)』은 경영학도는 물론 행정학도들의 필독도서로서 그야말로 경영학의 으뜸가는 고전이다.

그럼에도 불구하고 그 저술이 불어로 되어 있어 지금까지 국내에 완역되어 소개되지 못하고, 외국문헌에서 부분적으로 인용된 자료만을 접해 온 실정을 늘 안타깝게 생각해 왔었다.

프랑스에서 경영학을 공부한 사람으로서 일종의 사명감 같은 것을 느끼면서 1985년부터 번역작업에 착수했었지만, 이런저런 사정으로 지연되어오다가 이번에 한국학술진흥재단의 도움을 받아 마무리 짓게 되었다.

파욜의 저서가 불어로 씌이졌을 뿐만 아니라 경영학이 체계화되기 전에 씌어진 까닭으로 그간 미국 경영학에서 다듬어진 용어들과는 다소 거리감이 느껴지는 어휘들이 씌어지는 등, 번역과정에서 애로를 느끼기도 했으나 가능한 한 원전에 충실하려고 애썼다.

이 책을 내면서 원고정서를 위해 애쓴 임채우, 정수화 그리고 정일봉 군에게 감사하고, 원고를 읽고 표현을 가다듬는 데 많은 시간을 할애해 주셨던 김태식(金太植) 교수님께 감사드린다. 학위논문을 쓸 때처럼 격려와 뒷바라지를 아끼지 않았던 아내와 주님이 주신 보석 필립(弼立)에게 뜨거운 사랑과 고마움을 느낀다.

2014년 정월에

지리산 "시간이 머무는 집"에서

옮긴이

윤석철 교수의 서평

30여 년간 현장경험을 바탕으로 쓰여진 경영학 불후의 명작 『앙리 파욜의 경영관리론』이 비로소 우리말로 번역되었다. 앙리 파욜(Henry Fayol : 1841-1925)에 의해 1916년에 쓰여졌고, 1945년에 영어로 번역되면서 경영학과 행정학의 일반관리론의 중추 역할을 해왔다. 이 같은 명저가 金興吉교수(경상대)에 의해 이번에 완역된 것은 너무 늦은 감이 있으나 실로 큰 수확이 아닐 수 없다.

앙리 파욜은 프랑스인이다. 광산회사 사장으로 30년(1888~1918)을 재직하면서 실질적이고 합리적인 관리에 관해 이론적인 체계를 수립한 경영인이요 학자이다. 그는 기업경영을 다음과 같이 여섯 가지로 분류해 놓았다. 기술적 · 영업적 · 재무적 · 보전적 · 회계적 · 관리적, 그 중에서도 특히 마지막 관리기능이 가장 중요하다고 역설하고 있다. 앞의 다섯 가지가 재료나 기계와 같은 물적 대상을 다루는 일인데 반해, 관리는 이들 물적 대상을 다루는 사람을 대상으로 하기 때문이라 한다.

앙리 파욜 자기 자신이 체험한 30여 년간의 현장경험과 다른 경영자들의 실질적인 경영체험을 토대로, 그 중에서 일반적인 공통성을 찾아 소위, '관리의 원칙'을 주장하고 있다.

그는 분업의 원칙, 권한과 책임, 기강확립, 명령 · 지휘 일원

개별이익의 전체이익에의 종속, 적정보상, 중앙집권, 관리계층 연쇄, 질서유지, 공정성, 고용의 안정성, 종업원의 단결 등 14개항의 원칙을 들고 있다.

앙리 파욜은 이러한 원칙이 적용될 때에는 기업이 처해 있는 상황에 따라 유동적으로 결정되어야 한다고 강조함으로써, 현대 경영학의 '條件附 接近法'의 문을 열었다. 그러나 이상의 관리원칙에 대한 파욜의 분석은 너무 나열식이며 체계가 결여되어 있다는 감도 든다.

파욜은 제2장에서 경영관리의 요소를 논하고 있고, 이 부분이 파욜 이론의 백미라고 할 수 있겠다. 파욜은 관리의 기능 속에서 기획 · 조직 · 지휘명령 · 조정 · 통제 등 다섯 가지 요소를 찾아냈다. 이 다섯 가지 요소가 순차적으로 어떻게 나타나야 하는가에 대해서는 분석을 않고 있다. 그러나 그 뒤에 추종하는 학자들에 의해 앞에 열거한 순서대로 단계적으로 또 순환적으로 실시되는 관리의 課程學派가 뒤에 생겨나게 되었다.

이렇게 볼 때 파욜의 이 책은 정통 경영학의 흐름 속에 거대한 본류를 형성하고 있다고 해도 무리가 아닐 것이다. 이러한 의미에서 H. Koonts같은 대학자도 "오늘날 경영학의 아버지는 파욜이다"라고 선언했던 것이다. 경영학을 배우는 사람들과 일반 경영인들에게 필독을 권하고 싶은 명저이다.

– **윤석철**(전 서울대 경영학과 교수 / 한양대 석좌교수)

찾아보기

ㄱ

ㄴ

ㄷ

ㄹ

ㅁ

ㅂ

역자 김흥길 교수는

울산 강동에서 태어나
울산과 부산에서
중고등학교를 다녔고
아주대학과 한양대학에서
산업공학을 공부하였다.
이어서 프랑스 정부장학금으로
그르노블대학에서 경영학을 공부하고
석사와 박사학위를 수여받았다.
한국으로 돌아온 후 경남 진주에
위치하고 있는 국립경상대학교 경영학과에서
강의와 연구를 계속 해오면서
여러 기업과 각급 기관의 요청으로
리더십, 동기유발, 조직관리와 혁신, 노사관계,
행복 등을 주제로 강의를 하고 있다.
그리고 경남일보 객원 논설위원으로
10년간 칼럼과 다양한 주제의 글 들을 써왔고
프랑스 리용대학의 초빙교수로 2년간
학부와 대학원에서 강의를 한 바 있고
중국 라오닝과기대학의 초빙을 받아
학부와 대학원생들을 대상으로 강의를 하였다.

2008년 4월부터 'e-행복한 세상(http://e-happyland.com)'을 운영해 오고 있으며 회원들에게 Happy letter를 정기적으로 발송하고 있다. 이 Happy letter들을 한 권의 책으로 묶어 출간한 '매일 아침 행복을 부탁해'는 2010년 상반기 베스트셀러가 된 바 있다.

다른 저서로는 감성시대의 인적자원관리(경상대 출판부), Win-Win의 고용관계론(경상대출판부), 조직관리 어떻게 할 것인가(도서출판 서원), 경영관리적 휴머니즘의 전통과 흐름(도서출판 서원), 감성시대의 인간관계경영론(문영사) 등이 있다.

저자와의
협의하에
인지생략

앙리 파욜의 경영관리론

2014년 9월 5일 1판 1쇄 인쇄
2014년 9월 10일 1판 1쇄 발행

저 자 앙리 파욜
역 자 김홍길
발행인 김광식
조 판 아람기획

121-856
발행처 서울특별시 마포구 토정로 222 B동 208호
도서출판 탑 북 스
등 록 2009.12.21 제 2013-000101 호
전 화 02)365-2223 팩스 02)365-2224

ⓒ 2014, 김홍길
정가 15,000 원
ISBN 979-11-85647-32-6-93320

이 책의 무단전재 또는 복제행위는 著作權法 제136조에 의거, 5년 이하의 징역 또는 5,000만원 이하의 벌금에 처하게 됩니다.